AHRSTEIG

Hans-Peter Pracht

Ahrsteig

Durch das wildromantische Ahrtal von Blankenheim nach Sinzig

J.P. BACHEM VERLAG

Alle Daten und Informationen im vorliegenden Buch sind sorgfältig recher-
chiert worden. Autor und Verlag können jedoch keine Gewähr für die Richtig-
keit der Angaben übernehmen. Eventuelle Änderungen nach Drucklegung sind
leider möglich. Sollte es versehentlich zu Fehlern gekommen sein, wären wir
für einen Hinweis dankbar.

Bildnachweis
Titelbild „Herbst im Ahrtal" Rainer Gütgemann
Sämtliche Bilder Maria Pracht, außer S. 12/13:
Ahrtaltourismus Bad Neuenahr-Ahrweiler
S. 142 Autorenporträt: Atelier Markgraf, Bad Neuenahr-Ahrweiler

Bibliografische Information der Deutschen Nationalbibliothek
Die Deutsche Nationalbibliothek verzeichnet diese Publikation in der Deutschen Nationalbibliografie; detaillierte bibliografische Daten sind im Internet
über http://dnb.d-nb.de abrufbar.

1. Auflage 2013
© J.P. Bachem Verlag, Köln 2013
Lektorat: Kerstin Goldbach, Bergisch Gladbach
Einbandgestaltung und Layout: Heike Unger, Berlin
Karten: Angelika Solibieda, cartomedia, Karlsruhe
Reproduktionen: Reprowerkstatt Wargalla GmbH, Köln
Druck: Grafisches Centrum Cuno, Calbe
Printed in Germany
ISBN 978-3-7616-2375-6 Buchausgabe
ISBN 978-3-7616-2656-6 EPUB
ISBN 978-3-7616-2655-9 PDF

MIX
Papier aus verantwor-
tungsvollen Quellen
FSC® C043106

Aktuelle Programminformationen
sowie Download-Links zu unseren
Apps finden Sie unter
www.bachem.de/verlag

Auch als
E-Book
erhältlich

Im Apple iBookstore und überall,
wo es elektronische Bücher gibt.
Weitere Informationen auch unter
www.bachem.de/ebooks

Vorwort 7
Zu diesem Buch 9

ETAPPE 1
VON BLANKENHEIM (AHRQUELLE) ZUM FREILINGER SEE 12
Auf einen Blick 14
Interessant am Wegesrand 15
An der jungen Ahr 17
Serviceteil Blankenheim und Freilingen 26

ETAPPE 2
VOM FREILINGER SEE ÜBER AREMBERG NACH EICHENBACH 28
Auf einen Blick 30
Interessant am Wegesrand 31
Auf geschichtsträchtigen Pfaden 32
Serviceteil Aremberg und Eichenbach 41

ETAPPE 3
VON EICHENBACH NACH SCHULD 42
Auf einen Blick 44
Interessant am Wegesrand 45
Aus dem Gebirge zurück an die Ahr 46
Serviceteil Schuld 53

ETAPPE 4
VON SCHULD ÜBER INSUL NACH LIERS 54
Auf einen Blick 56
Interessant am Wegesrand 56
Felsen, Fachwerk und gute Aussichten 57
Serviceteil Insul und Liers 67

ETAPPE 5
VON LIERS ÜBER LIND NACH KREUZBERG 68
Auf einen Blick 70
Interessant am Wegesrand 71
Durch dichte Wälder, über weite Wiesen auf die Höhen und zurück ins Tal 72
Serviceteil Lind und Kreuzberg 79

DIE AHRSTEIG-VERBINDUNGSWEGE

AHRSTEIG-VERBINDUNGSWEG 1   82

Auf einen Blick   83

Interessant am Wegesrand   83

Von Altenburg über Rech nach Walporzheim   84

Serviceteil Mayschoß, Rech, Dernau, Marienthal und Walporzheim   85

AHRSTEIG-VERBINDUNGSWEG 2   88

Auf einen Blick   89

Interessant am Wegesrand   89

Von Altenburg über Steinerberg nach Walporzheim   90

Serviceteil Altenahr   91

ZUSÄTZLICHE ALTERNATIVEN

DIE AHRTALBAHN   94
DER AHRTALWEG (A)   95
DER ROTWEINWANDERWEG (RWW)   98

ETAPPE 6

VON BAD NEUENAHR-WALPORZHEIM ÜBER AHRWEILER NACH HEIMERSHEIM   102

Auf einen Blick   104

Interessant am Wegesrand   107

Die Fortsetzung des Ahrsteigs   110

Serviceteil Bad Neuenahr-Walporzheim und Heimersheim   122

ETAPPE 7

VON HEIMERSHEIM ÜBER DEN MÜHLENBERG NACH SINZIG   124

Auf einen Blick   126

Interessant am Wegesrand   127

Der Ausklang einer schönen Wanderung   128

Serviceteil Sinzig   140

Mit dem Ahrsteig ist ein weiterer Premiumwanderweg eröffnet worden, der gleichzeitig als Verbindungsweg zwischen Rheinsteig, Westerwaldsteig und Eifelsteig dient.

Es waren die fünf unmittelbar an die Ahr angrenzenden Kommunen, die Gemeinde Blankenheim, die Verbandsgemeinden Adenau und Altenahr sowie die beiden Städte Bad Neuenahr-Ahrweiler und Sinzig, die die Idee hatten, einen Prädikatswanderweg entlang der Ahr zu entwickeln und anzulegen. Zum Erreichen eines optimalen Wandererlebnisses mussten 34 Kriterien des Deutschen Wanderinstituts e. V. erfüllt werden. Mit großer Sorgfalt haben die Planer daran gearbeitet, diese strengen Vorgaben zur Verwirklichung eines Prädikatswanderweges einzuhalten.

Bereits im Jahr 2008 begaben sich Experten auf den Weg, um sich ein Bild von den Gegebenheiten auf der gesamten geplanten Strecke zu machen und den bestmöglichen Wegeverlauf festzulegen. Es mussten zum Beispiel bestimmte Anforderungen an die Wegbeschaffenheit erfüllt werden, wobei besonderes Augenmerk darauf gelegt wurde, möglichst geteerte und künstlich befestigte Wege zu vermeiden. Eine gewisse Streckenlänge musste sich als Pfad darstellen und mindestens 35 Prozent der Gesamtstrecke sollten naturbelassene Wege sein. Eintönigkeit durfte zudem nicht einkehren und der besondere Blick auf die Natur gerichtet werden. In den Richtlinien wird auch

Das Langfigtal im Herbstnebel

gefordert, dass auf einem Streckenverlauf von acht Kilometern mindestens zwei Formationswechsel erfolgen, um Abwechslung zu bieten und dem Wanderer das Gefühl der Neuentdeckung zu geben. Neben einer gewissen Anzahl von Rastplätzen finden sich auch kulturelle Sehenswürdigkeiten, eindrucksvolle Aussichten und idyllische Ortskerne im Streckenverlauf des Ahrsteigs.

Wichtig ist vor allem die eindeutige und verständliche Ausschilderung auf der gesamten Streckenführung, sodass der Wanderer ohne Zuhilfenahme einer Wanderkarte seinen Weg finden kann. Selbstverständlich musste auch eine entsprechende Zuwegung mit der jeweiligen Ausschilderung geplant und realisiert werden. Zudem ist das Erreichen des Ahrsteigs mit öffentlichen Verkehrsmitteln besonders für die Naturfreunde wichtig, wenn sie bei ihrer Anreise auf den eigenen PKW verzichten wollen.

Die ursprüngliche Planung, einen durchgehenden Weg vom Quellort der Ahr, Blankenheim, bis zur Mündung in den Rhein bei Sinzig zu schaffen, musste allerdings nach langem Ringen vorerst aufgegeben werden.

Der Grund dafür waren verschärfte Auflagen für die Erlangung der Markierungsgenehmigung und der Fördermittel. Diese Vorgaben sehen vor, dass kein Widerspruch von Grundstückseigentümern gegen die Nutzung ihrer Grundstücke für den Ahrsteig vorliegt, obwohl die Wald- und Wirtschaftswege sowie die Pfade teilweise bereits seit Jahrzehnten als Wanderwege verwendet werden. Die Forderung des rheinlandpfälzischen Wirtschaftsministeriums und der Struktur- und Genehmigungsbehörde (SGD Nord) konnte wegen der kleinpar-

zellierten Grundstückssituation in Bereichen des ursprünglich geplanten Verlaufs des Ahrsteigs nicht hundertprozentig erfüllt werden. Betroffen ist hiervon das Teilstück im Bereich der Verbandsgemeinde Altenahr, also genau im Mittelteil des Wanderweges.

Dennoch wollten die Planer die Idee dieses Premiumwanderweges nicht ganz aufgeben und entschieden daher, den Ahrsteig in zwei Teilabschnitten zu realisieren. Der erste Streckenabschnitt von der Quelle in Blankenheim bis Kreuzberg wird blau markiert. Der Anschluss mit roter Markierung beginnt in Walporzheim und endet in Sinzig. Die gesamte Streckenführung des Ahrsteigs reduziert sich somit von ursprünglich 104 auf jetzt 83 Kilometer. Allerdings erweisen sich zwei offizielle und interessante Ahrsteig-Verbindungswege zwischen Kreuzberg

und Walporzheim als gute und adäquate Alternativen und werden auch als solche besonders gekennzeichnet. Die entsprechenden Informationen erscheinen hier nach der Beschreibung der fünften Etappe und dem Ende des ersten Abschnitts auf Seite 80 bis 91.

Der erste Teil des Ahrsteigs ist von mir in den Etappen 1 bis 5 beschrieben worden, mit den Etappen 6 und 7 der verbleibende Streckenabschnitt des zweiten Teils. Bis zu einer eventuellen späteren zusammenhängenden Gestaltung des Ahrsteigs wird die Lücke durch die Ahrsteig-Verbindungswege geschlossen.

Die detaillierten Beschreibungen der einzelnen Etappen liefern dem Leser alle wichtigen Informationen zur Strecke und eine umfassende Übersicht, was die jeweiligen Abschnitte zu bieten haben. Durchschnittlich beläuft sich eine Etappe auf 11,8 Kilometer. Zwischen Blankenheim und Kreuzberg verläuft der Ahrsteig abwechselnd auf der linken oder der rechten Seite der Ahr und dem angrenzenden Ahrgebirge. Ab Walporzheim führt der Weg dann ausnahmslos durch die Landschaft rechts des Flusses. Immer wieder werden wir uns auf unserer Wanderung von der Ahr entfernen und angrenzende Bereiche mit unterschiedlichen geologischen Formationen, Wäldern, Wiesen und Feldern sowie imposanten Aus- und Fernblicken erreichen. Das macht eben die Bezeichnung „Ahrsteig" aus, dass der Weg nicht nur in unmittelbarer Nähe des

Aussichtspavillon oberhalb Altenahr

Flusses verläuft, sondern auch die Umgebung mit ihren Besonderheiten einbezogen wird.

Der Ahrsteig erweist sich streckenweise als sportliche Herausforderung. Die Romantik unberührter Natur, die Stille der Wälder, imposante, überwältigende Aussichten und bizarre geologische Formationen werden den Wanderer ebenso beeindrucken wie die eigene körperliche Leistung, die zum Teil aufgewendet werden muss.

Zahlreiche Zuflüsse bewirken schon sehr bald, dass die Wassermengen der Ahr zunehmen und sie sich als ein akzeptabler Fluss mit unterschiedlichen Gesichtern und Fließgeschwindigkeiten darstellt. Die Ahr ist der am schnellsten fließende Nebenfluss des Rheins. Verständlich, denn die Quelle liegt in einer Höhe von 470 Metern über dem Meeresspiegel, die Mündung bei 58 Metern. Auf den 90 Kilometern ihrer zurückzulegenden Strecke steigert ein Höhenunterschied von 412 Metern somit die Fließgeschwindigkeit.

Die einzelnen Etappen sind so ausgewählt und gestaltet, dass jeweils Start und Ziel stets gut zu erreichen, Parkmöglichkeiten vorhanden sind und, wenn möglich, Einkehr- oder Übernachtungsgelegenheiten zur Verfügung stehen. Teilweise wurden auch Zwischenziele angegeben, sodass der Wanderer selbst über die Länge seiner Tagesetappe entscheiden kann. Ferner wurde daran gedacht, öffentliche Verkehrsmittel mit einzubeziehen. Allerdings weise ich hier bereits darauf hin, dass es insbesondere im Bereich der oberen Ahr manchmal schwierig sein kann, zu günstigen Zeiten passende Verbindungen zu finden, sodass zum Erreichen eines Ziels zum Teil auf Taxis zurückgegriffen werden

muss. In manchen Fällen stehen auch sogenannte TaxiBusse zur Verfügung, die allerdings rechtzeitig telefonisch zu ordern sind. Ebenso verhält es sich mit den Einkehr- und Übernachtungsmöglichkeiten im oberen Ahrbereich. Dass diese nicht immer direkt am Streckenverlauf liegen können, ist verständlich. Es sind dann gegebenenfalls entsprechende Umwege einzuplanen. Die jeweiligen Serviceteile in diesem Buch werden dem Wanderer bereits bei der Planung der Wanderung gute Dienste erweisen, weil sie Auskunft geben über Einkehr- und Übernachtungsmöglichkeiten, Taxirufnummern, ÖPNV-Verbindungen, Camping-, Park- und Wohnmobilplätze.

Die Etappen wurden von mir zu unterschiedlichen Jahreszeiten bewandert, erkundet und beschrieben, sodass sich Flora und Fauna dem

Wanderer in abwechslungsreicher Form präsentieren können. Doch Wandern bedeutet nicht nur, eine Strecke von A nach B zurückzulegen, sondern auch auf allen Wegen etwas zu entdecken, zu betrachten und zu verinnerlichen, um später am Erlebten noch Freude zu haben. Aus diesem Grund und zur besseren Orientierung habe ich die Abschnitte: „Interessant am Wegesrand" eingefügt. So ist es möglich, sich bereits im Vorfeld zu informieren und eventuell die eine oder andere Zwischenstation einfließen zu lassen. Es handelt sich um sehenswerte Objekte und Bereiche in der Nähe des Ahrsteigs in zumutbarer Entfernung, aber nicht immer direkt an seinem eigentlichen Wegesverlauf, die einen Besuch lohnen.

An dieser Stelle möchte ich es nicht versäumen, mich bei allen zu bedanken, die mich während der langen Zeit der Vorbereitungen unterstützt und soweit möglich mit Informationen und Auskünften versorgt haben. Mein besonderer Dank gilt Herrn Ernst Esch, der in technischen Belangen eine hervorragende Arbeit geleistet hat.

Ich wünsche allen Ahrsteig-Wanderern eine schöne, erlebnisreiche Zeit. Und immer daran denken: Gutes Schuhwerk und ausreichend Getränke waren schon immer die wichtigsten Begleiter der Wanderer.

Hans-Peter Pracht

Herbststimmung in den Weinbergen

ETAPPE

1

Von Blankenheim (Ahrquelle) zum Freilinger See

Das „Geburtshaus" der Ahr mitten in Blankenheim

AUF EINEN BLICK

Distanz: 10,57 km
Zeit: 3:24 Stunden

Wegbeschaffenheit: Asphalt, Schotter, naturbelassener Untergrund, Waldwege, stellenweise je nach Wetterlage feuchter und rutschiger Untergrund.

Schwierigkeitsgrad: leicht/mittel
Abwechselnd Steigungen und Gefällstrecken, die lediglich etwas Kondition erfordern, keine gefährlichen Kletter- oder Höhenabschnitte.

Koordinaten Blankenheim:
BG: 50,4380905
LG: 6,6495248
H: 490

Anfahrt mit ÖPNV:
Von Köln mit RB 24 bis Blankenheim-Wald (www.bahn.de), dann weiter mit der Buslinie 832 bis Blankenheim.
Von Aachen existiert keine Bahnverbindung nach Blankenheim. Daher zuerst von Aachen die Verbindung mit RB 33 nach Köln nutzen, dann weiter wie oben.

Fahrplanauskunft:
Bus & Bahn: Tel. 0 180 3/50 40 30 (9 Cent/Minute aus dem deutschen Festnetz)
RVK (Regionalverkehr Köln GmbH):
Tel. 0 180 4/13 13 13 (20 Cent/Anruf aus dem deutschen Festnetz)

Bahnstation Blankenheim-Wald:
Tel. 0 24 49/10 60 (Mo–Sa 5.05–20.30 Uhr, So/Feiertage 7.10–20.30 Uhr)
TaxiBus: Tel. 0 180 4/15 15 15 (20 Cent/Anruf aus dem deutschen Festnetz)

Die Buslinie 832 fährt am Wochenende und zu bestimmten Uhrzeiten in der Woche als TaxiBus. Das heißt, dass je nach Personenzahl Bus, Kleinbus oder Taxi nur dann erscheinen, wenn der Fahrtwunsch mindestens 30 Minuten vor der planmäßigen Abfahrt telefonisch erfolgt. Für diesen Service wird ein Zuschlag von 1,- € für Erwachsene, für Kinder (6 – 14 Jahre) 0,50 € auf das Ticket fällig. Sollten Gruppen von mehr als fünf Personen einen Beförderungswunsch haben, ist die Anmeldung drei Werktage vorher erforderlich.

Anfahrt mit PKW:
Von Köln über die A 1 bis Blankenheim, dann weiter über die B 51 bis Blankenheim.
Von Aachen über die A 4 bis Düren, dann über die B 56 via Zülpich zur A 1, Auffahrt Wisskirchen, weiter A 1 bis Blankenheim, von dort über die B 51 bis Blankenheim.

Parkmöglichkeiten:
Blankenheim vor dem Rathaus; an der Weiherhalle; unterhalb vom Weiher (gebührenpflichtig), direkt am Ahrsteig

INTERESSANT AM WEGESRAND

Blankenheim

473 Meter über NN, ca. 10.000 Einwohner, Kreis Euskirchen, Land Nordrhein-Westfalen.

Urkundlich erstmals erwähnt wurde Blankenheim am 23. Juni 721 als blancio. Erst der Niedergang der Burg führte in der Folgezeit zur Verarmung des Ortes, bis nach dem Zweiten Weltkrieg umfangreiche Aufbau- und Restaurierungsarbeiten Blankenheim in neuer Schönheit und mit mittelalterlicher Prägung wieder aufblühen ließen.

Die Ahrquellen

Mitten in dem Städtchen Blankenheim im deutsch-belgischen Naturpark sprudeln in den Kellergewölben eines Fachwerkhauses aus dem Jahre 1726 die vier Quellen der Ahr zutage. Eine neben der Quellkammer angebrachte Tafel weist in Versform auf die „Geburt der Ahr" hin. Mit ca. zwölf Litern pro Minute tritt das kristallklare Wasser hervor. Es findet seinen Weg zunächst in einem schmalen gemauerten Bachlauf teils unterirdisch durch den ganzen Ort talabwärts. Auf unserer Wanderung werden wir der Ahr immer wieder begegnen und miterleben, wie sie erwachsen wird.

Tiergartentunnel

Um eine optimale Wasserversorgung, die lediglich durch eine Zisterne erfolgte, auf der über dem Ort gelegenen Burg herbeizuführen, ließ Graf Dietrich III. von Manderscheid Blankenheim 1469 eine Fernwasserleitung zur Burg bauen. Dafür wurde eine Quelle in einem Kilometer Entfernung gefasst und das Wasser in einer Holzrohrleitung zu einem Wasserbecken im Burghof geleitet. Auf dem Weg dorthin waren ein zwölf Meter tiefes Tal und danach ein 15 Meter hoher Bergsporn, der sogenannte Tiergarten, zu durchqueren. Zum Transport des Wassers wurden eine Gefälleleitung, eine Druckrohrleitung und ein Aquadukttunnel angewandt, und das Bauwerk gilt heute noch in Europa als einmaliges technikgeschichtliches Denkmal. Freigelegte Abschnitte dieser Wasserleitung können besichtigt werden. Auskunft: Bürger und Verkehrsbüro Blankenheim, s. S. 26.

www.blankenheim-ahr.de
www.tiergartentunnel.de

Haus und Tafel der Ahrquelle (o. li. und u. re.), Blick auf Blankenheim (o. re.)

INTERESSANT AM WEGESRAND

Eifelmuseum Blankenheim

Im Regionalmuseum für Naturkunde und Kulturgeschichte wird den Besuchern die historische Entwicklung der Landschaft und des Naturraumes anschaulich vermittelt. Wertvolle Ausstellungsstücke zur Erdgeschichte und Natur ergänzen die Einblicke in die Lebens- und Arbeitsweise der Menschen um 1900.
Eifelmuseum
Ahrstraße 55 – 57
53945 Blankenheim
Tel. 0 24 49/9 51 50
www.eifelmuseum-blankenheim.de

Karnevalsmuseum Blankenheim

Das ganzjährig geöffnete historische Museum im Georgstor gibt Einblicke in 400 Jahre Karnevalsbräuche.
Keine festen Öffnungszeiten, Führungen nach Vereinbarung, Tel. 0 24 49/8 72 22

Blankenheimer Geisterzug

Der Geisterzug am Karnevalssamstag entspringt einem langjährigen Brauch der Dämonen- und Winteraustreibung des frühen Mittelalters und beginnt pünktlich um 19:11 Uhr. Überall wimmelt es von Geistern in weißen Gewändern im diffuse Flackern zahlreicher Feuer und die Rufe „Juh-jah" hallen durch die Gassen. Karneval einmal anders.

St. Mariä Himmelfahrt

Unweit der Ahrquelle erhebt sich die Pfarrkirche mit ihren sehenswerten Schnitzaltären der späten Gotik um 1545. Diese gelten in der ganzen Eifel als unermessliche Kostbarkeiten. Weitere sakrale, nicht ersetzbare Einzelstücke stellen die Muttergottes im Strahlenkranz und die Reliquienbüste des hl. Georg (Schutzpatron des Ortes) aus dem Jahre 1450 dar. Diese wird jedes Jahr am Samstag nach dem 23. April feierlich in einer Prozession durch den Ort getragen. Die Orgel aus dem Jahr 1660 ist eine der ältesten ihrer Bauart im Rheinland. Die Statue Jakobs des Älteren mit Pilgerstab und Jakobsmuschel an seiner Kopfbedeckung weist darauf hin, dass auch die Jakobspilger auf ihrem langen Weg nach Spanien in Blankenheim Station machten.

Der Freilinger Stausee mit einer Größe von elf Hektar wurde im Jahre 1975 fertiggestellt. Das Angebot vielfältiger wassersportlicher Aktivitäten wie Surfen, Tauchen, Angeln, Rudern, Paddeln verspricht, hier richtig ausspannen zu können, und bereichert die vielseitigen Freizeitmöglichkeiten dieses Ortsteils und der weiteren Umgebung. Ein Feriendorf, Minigolfplatz, Waldlehrpfad und ein Campingplatz laden zudem ein, hier längere Aufenthalte und eine abwechslungsreiche Freizeitgestaltung zu genießen.

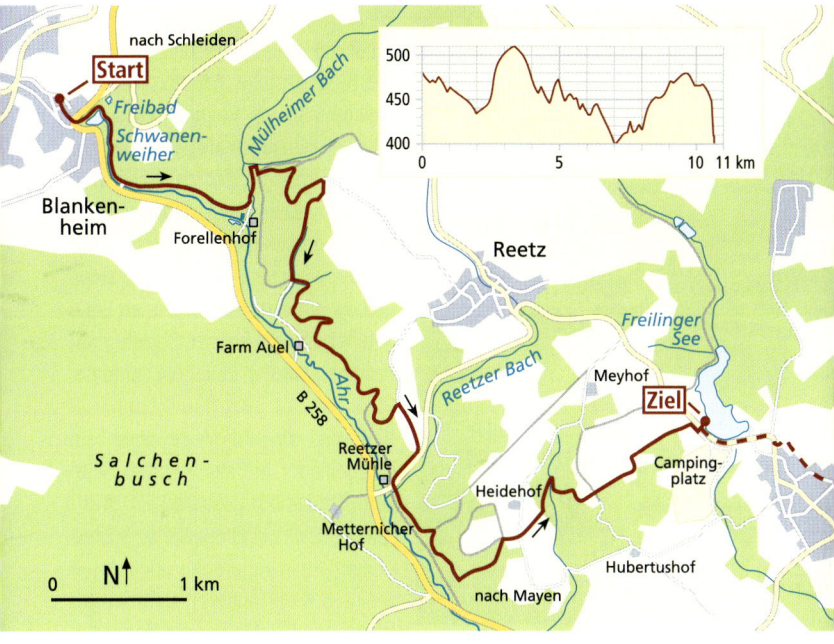

An der jungen Ahr

Wer nach Blankenheim kommt, um dort die erste Etappe des Ahrsteigs anzutreten, sollte es nicht versäumen, zuvor einige Sehenswürdigkeiten des kleinen, vielbesuchten und romantischen Burgstädtchen zu erkunden und sich auf die vor ihm liegende Etappe oder vielleicht sogar auf den vollständigen Ahrsteig einzustimmen. Auch Blankenheim mit seiner langen Geschichte gehört zum Gesamtbild der Eindrücke, die der Wanderer auf seiner Strecke gewinnen wird.

Dort, wo die Ahr sprudelnd das Licht der Welt erblickt, beginnt auch die erste Etappe der Ahrsteig-Wanderung. Allerdings kaum zutage getreten, wird das kristallklare Wasser gezähmt und kanalisiert, teils sichtbar, teils unterirdisch durch die Altstadt von Blankenheim geleitet. Vorbei an malerischen Fachwerkhäusern folgen wir der Hinweisbeschilderung und gelangen an den Weiher auf der anderen Seite der B 258. Hier erweist die junge Ahr ihrem Geburtsort zum Abschied noch einen besonderen Dienst. Sie speist das Gewässer unterhalb der Burg, bevor es am südlichen Rand durch ein kleines Rohr als schmaler Bach endgültig in die Freiheit und auf einen 90 Kilometer langen Weg entlassen wird.

Wir passieren den Weiher an dem zur Stadt gelegenen Ufer und erreichen die Austrittsstelle der Ahr, die hier gleichmäßig ein kleines Wasserrad bewegt, sozusagen als Symbol für die Kraft des Wassers, das auf seinem Weg zahlreiche Mühlwerke antreiben wird. Dann überqueren wir dem Wasserlauf auf der linken Seite dicht folgend einen großen Parkplatz. Am äußersten Ende geleitet uns ein kleiner Holzsteg auf das linke Ahrufer. Es ist ein schmaler Pfad, der uns jetzt durch Laubwald führt und streckenweise durch ein Holzgeländer auf der rechten Seite zum Wasserlauf gesichert ist. Während uns links ein bewaldeter, ansteigender Hang eingrenzt, blicken wir rechts auf der anderen Seite in gepflegte Hausgärten der dort liegenden Anwesen. Als wir wenig später aus dem Wald hinaustreten, führt unsere Wanderung auf einem breiteren, geteerten Fahrweg weiter. Auf der rechten Seite erscheint nun bald die Kläranlage von Blankenheim, die wir dank des fast ebenerdigen Verlaufs des Weges schnell hinter uns lassen können. An dieser Stelle breiten sich rechts in der Senke die Ahrauen mit ihrer zu jeder Jahreszeit typischen Vegetation aus. Die Geräusche der Bundesstraße 258, die jenseits der satten Wiesen talwärts verläuft, dringen zu uns herüber.

In einer lang gestreckten Linkskurve entfernen wir uns jetzt langsam vom Ahrlauf und der daneben verlaufenden, viel befahrenen Bundesstraße und vor uns rechts etwas unterhalb am Waldrand erblicken wir einige Häuser mit Forellenteichen. Nach dem Überqueren eines kleinen, renaturierten Bachlaufs, der offenbar die Zuchtteiche auf diesem Areal speist, erhebt sich rechts eine mit Büschen und Sträuchern bestandene steile Böschung. Es handelt sich um eine ehemalige Bahntrasse aus dem unteren Ahrtal nach Blankenheim. Jetzt sind es nur noch wenige Meter, bis wir auf der rechten Seite eine Unterführung erreichen. Diese passieren wir. Kaum zehn Meter weiter nach einem steilen Anstieg müssen wir diesen Weg entsprechend der Hinweisbeschilderung nach links verlassen, um auf einen ansteigenden Waldweg einzubiegen. Der Ahrtalradweg führt weiter geradeaus. An dieser Stelle endet jetzt auch die Asphaltierung, die Wanderer weniger bevorzugen. Aber bis hierhin handelte es sich um einen kombinierten Wander- und Radweg, der eben den Radlern mehr Komfort bietet.

Wir biegen also auf einen breiteren, ansteigenden Waldweg ein, der einen steinigen Untergrund aufweist. Auf beiden Seiten erhebt sich hoher Nadelwald. Nach einer je nach Jahreszeit mehr oder weniger schweißtreibenden Anstiegsstrecke gelangen wir schließlich auf einen Querweg, auf den wir scharf nach rechts einbiegen. Die Steigung hält unvermindert an. Zwischenzeitlich wurde der Nadelwald von Laubwald abgelöst. Die hier im Gegensatz zu Nadelbäumen hohen Kronen der Buchen und Eichen gewähren an einigen Stellen den Blick nach rechts hinab auf das Ahrtal.

In einer Linkskurve ändern wir wieder unsere Richtung und gehen auf dem jetzt ebenerdig verlaufenden Weg, der in der Mitte nun mit Gras bewachsen ist, weiter. Der Waldboden wird in diesem Bereich von Moos und anderer typischer Waldvegetation, die nur wenig Sonnenlicht benötigt, bedeckt.

Nach ca. 300 Metern verlassen wir den Wald und erreichen Weideflächen. Wir biegen rechts ab und verlieren gleich wieder an Höhe. Im weiteren Gefällebereich ändert sich der naturbelassene Untergrund. Er ist mit größeren Quarzsteinen verdichtet und so auf Dauer befestigt. Hier ist allerdings Vorsicht geboten, da bei nassem Wetter Rutschgefahr besteht.

Besenginster aus der Familie der Schmetterlingsblütler (o.), blaues Ahrsteig-Logo (u.)

An der nächsten Kreuzung biegen wir nach links auf einen breiteren, mit feinem Splitt ausgestatteten, ansteigenden Weg ein, der nach ca. 100 Metern in eine Rechtskurve übergeht. Dort verlassen wir diesen und gelangen rechts davon auf einen unscheinbaren, schmalen, ebenerdigen Waldweg. Dichter Bewuchs umgibt uns jetzt. Blätter und Moos bedecken den Boden, aus dem immer wieder die Wurzeln von Bäumen zutage treten. Rechts fällt das Gelände ebenso ab, wie es links von uns ansteigt.

An einer Wegekreuzung endet die buschartige Vegetation, die stellenweise zu gebücktem Gehen veranlasste. In hochwüchsigem Wald auf welligem, sanft abfallendem Pfad setzen wir unseren Weg fort, bis wir nach ca. 200 Metern über eine kleine Holzbrücke eine schmale Schlucht überqueren und rechts abbiegen.

Unscheinbar wirkt der Waldpfad, auf den wir nach ca. 100 Metern von dem bequemen, abwärts laufenden Weg nach links abgeleitet werden. Die üppige und dichte Vegetation auf beiden Seiten lässt den Pfad noch schmaler erscheinen. Wir befinden uns mitten in unberührter, abwechslungsreicher Natur, einem Stück Paradies für jeden Naturfreund. So werden immer wieder sonnendurchflutete Wiesen-, Busch- und Strauchgelände von Hochwald abgelöst.

Über einige hölzerne Stufen treten wir schließlich auf einen breiteren Querweg, in den wir nach rechts mit sanftem Gefälle einbiegen. Bereits in Sichtweite

liegt vor uns ein Waldwirtschaftsweg, auf den wir gemäß der eindeutigen Ahrsteig-Hinweisbeschilderung nach links einbiegen und dem normalen Verlauf folgen. Der Anstieg nimmt nun kräftig zu.

Nach einer lang gestreckten Linkskurve entlässt uns der Wald auf weitläufige Wiesen- und Weideflächen, die in mittlerer Entfernung von Waldparzellen eingegrenzt werden. Wir biegen an der nächsten Möglichkeit nach rechts ab, passieren kurz danach einen Hochstand, der auf der rechten Seite das Wiesengelände überragt. Noch immer begleitet uns das fast ebenerdige Grünland, das wir in geradem Verlauf auf einem von der Landwirtschaft genutzten Weg durchqueren, bis wir bereits nach kurzer Strecke wieder an einer Rechtsbiegung in ein Waldstück gelangen, das uns die zuvor freie Sicht, den blauen Himmel und die Sonne einschränkt. Ein kurzes Stück parallel zur Landesstraße 41, die nicht störend wirkt, weil sie sich hinter Bäumen verbirgt, liegt vor uns. Nach wenigen Minuten erreichen wir die Reetzer Mühle und befinden uns nahezu wieder auf dem Niveau der Ahr, die vor uns von rechts nach links ihren Weg findet.

Wer an dieser Stelle diese erste Etappe unterbrechen oder bereits beenden will, dem steht hier eine Haltestelle für den TaxiBus zur Verfügung, der die Rückfahrt nach Blankenheim ermöglicht. Wichtig ist hierbei das zeitgerechte telefonische Ordern der Fahrgelegenheit. Achten Sie auf die entsprechenden

Wilde Wicke (li.) und Fingerhut (re.)

Hinweise auf dem Fahrplan! Von hier kann die erste Etappe des Ahrsteigs nach Belieben zu einem anderen Zeitpunkt in Richtung Freilinger See fortgesetzt werden. Der Bus bringt Sie wieder an diese Stelle zurück.

Wir überqueren die Landesstraße 41 und gelangen zu einem Waldweg, der sich auf den ersten Metern als feucht und aufgeweicht zeigt, da sich offenbar an dieser Stelle ständig abfließendes Wasser ansammelt. Ansonsten ist der weitere Verlauf des Weges, der mit Gras bewachsen ist, angenehm. Er wird von Schlehensträuchern rechts und links eingegrenzt und ist in einer mäßigen Steigung gut und bequem, ohne besonderen Kraftaufwand zu begehen. Von der rechten Seite sind immer wieder die Verkehrsgeräusche von der Bundesstraße 258 wahrzunehmen.

Unsere Wanderrichtung verläuft jetzt in süd-südwestlicher Richtung. Es folgt über die nächsten ca. 200 Meter ein ebenerdiger Verlauf, der uns ein wenig Entspannung gewährt. Links begleitet uns Nadelwald, während der rechts abfallende Hang von Eichen und Buchen bewachsen ist. In der nächsten Linkskurve tauchen wir dann in einen Nadelwald ein.

Nach einer spitzen Rechtskehre gelangen wir aus dem dunklen Waldstück heraus wieder in die ursprüngliche Richtung zurück. Vor uns liegt nun ein sonniger, ebenerdiger Abschnitt, der auf der rechten Seite auf einer Länge von ca. 150 Metern durch ein Holzgeländer gesichert wird, denn der Hang fällt dort nahezu senkrecht ab. Unterhalb erkennen wir ein Wohnhaus und die großzügigen Anlagen eines Gestüts. Mehrere wachsame Hunde kündigen unser Erscheinen in der Nähe ihres Territoriums an.

Langsam steigt der Weg nun erneut an. Eine dicke Schicht von Laub verhindert das Einsinken in den auch hier wieder feuchten und weichen Untergrund. Der in Kurven verlaufende Weg wird immer wieder von hohen Bäumen rechts und links, aber zur Abwechslung auch von Strauchwerk begrenzt. Von einer Ruhebank oberhalb von Oberahreck erschließt sich ein Blick gegenüber auf den Hüngersdorfer Wald. Nach einer kleinen Rast an dieser Stelle wenden wir uns in östliche Richtung und passieren den auf der rechten Seite liegenden Birker Berg, der eine Höhe von 453,8 Metern aufweist. Der ansteigende Weg behält seinen bisherigen Untergrund bei, ebenfalls bleibt die Struktur des Waldes rechts und links bestehen. Langsam verstummt der Verkehrslärm aus dem Tal. Auf seinem Scheitelpunkt wird der Weg für einige Meter ebenerdig, um dann wieder in einem Gefälle auf einen von rechts an einem Hochwald vorbeiführenden breiteren Weg zu stoßen. Wir wählen den linken Verlauf auf dem ausgefahrenen, mit Schotter befestigten Wirtschaftsweg, der jetzt zudem noch eine starke Steigung annimmt. Zum Glück ist dieser Abschnitt nur sehr kurz und schon taucht vor uns ein landwirtschaftlicher Betrieb auf; es handelt sich um den Heidehof, der hier oben Ferienwohnungen in ruhiger Lage anbietet.

Vor unseren Augen erstrecken sich rechts und links weitläufige Weideflächen, die im Hintergrund durch hohe Nadelwälder eingegrenzt werden und wie eine Umrahmung in den unterschiedlichsten Grüntönen wirken. An der Einzäunung des Heidehof-Geländes rechts entlang gelangen wir zu einer kleinen Kreuzung mit Ruhebank und Wegekreuz. Von hier kann der Heidehof links mit wenigen

Jemand zu Hause – wir wollten doch zum Ahrsteig!

Schritten erreicht werden. Gegen eine kurze Rast an diesem schmucken Anwesen wird man keine Einwände haben und das Abweichen vom Ahrsteig-Verlauf ist kaum der Rede wert.

Geradeaus gegenüber der geteerten Zufahrt beschreiten wir einen schnurgeraden Wiesenweg, der nach ca. 300 Metern in einen Laubwald einmündet. Wir blicken noch einmal zurück auf die Wiesen und Weiden, die in ihrer unberührten Art ein beruhigendes Flair und eine friedliche Ruhe wiedergeben.

Der folgende kurvenreiche Weg durch den vor uns liegenden Wald lässt unsere Wanderung nicht eintönig werden. Nadel- und Laubwald wechseln sich ab und verändern durch die Jahreszeiten bedingt die Beschaffenheit des Weges. Unsere Schritte auf Moos und Tannenadeln sind nahezu geräuschlos, während trockenes Laub ein Rascheln verursacht. Die perfekte Ausschilderung des Ahrsteigs lässt zu keiner Zeit Zweifel aufkommen, auf dem richtigen Weg zu sein. Nach einer Spitzkehre und einem erneuten Anstieg, wir befinden uns jetzt im Bereich des Borsberges mit 484,1 Metern Höhe, verkünden Sonnenstrahlen, dass wir den Wald bald verlassen werden.

Wir erreichen schließlich eine ausgedehnte landwirtschaftlich genutzte Wiesen- und Ackerfläche, die ebenerdig vor uns liegt, ebenso wie unser weiterer Verlauf. Nach Überqueren einer Wegekreuzung erstreckt sich rechts ein Waldstück. Ein leichtes Abfallen des Weges erleichtert nun unsere Schritte. Hatten wir den überwiegenden Teil der Strecke von der Reetzer Mühle in Steigungen zurückzulegen, gestaltet sich das Fortkommen jetzt erholsamer. Langsam nähern wir uns der Wegweisung folgend dem Ziel der ersten Etappe auf dem Ahrsteig. Nach einer letzten Rechtskurve lassen wir rechts ein Waldstück zurück. Und schon taucht ca. 250 Meter vor uns der Freilinger See mit seinem klaren Wasser auf, der im Sommer zu einem erfrischenden Bad einlädt. Aber auch die sauberen Wiesenflächen, die den See eingrenzen, versprechen nach unserer Wanderung angenehme Erholung.

Romantischer Winkel in Blankenheim

EINKEHR UND ÜBERNACHTUNG

TOURISMUSINFORMATIONEN

Bürger- und Verkehrsbüro Blankenheim
Rathausplatz 16
53945 Blankenheim
Tel. 0 24 49/87-2 22 und -2 23
verkehrsbuero@blankenheim.de
www.blankenheim.de

EINKEHR-/ÜBERNACHTUNGS-MÖGLICHKEITEN (E/Ü):

BLANKENHEIM

Hotel Finkenberg (E/Ü)
Giesental 2
53945 Blankenheim
Tel. 0 24 49/10 73
info@hotel-finkenberg.de
www.hotel-finkenberg.de
Mo Ruhetag

Hotel Kölner Hof (E/Ü)
Ahrstraße 22
53945 Blankenheim
Tel. 0 24 49/9 19 60
blankenheim@hotel-koelner-hof.de
www.hotel-koelner-hof.de
Mi Ruhetag

Hotel Schlossblick (E/Ü)
Nonnenbacher Weg 4 – 6
53945 Blankenheim
Tel. 0 24 49/9 55 00
Info@hotel-schlossblick.de

www.hotel-schlossblick.de
November bis März Mo/Di Ruhetage

Jugendherberge Burg Blankenheim (Ü)
Burg 1
53945 Blankenheim
Tel. 0 24 49/9 50 90
jh-burgblankenheim@t-online.de
www.djh.de/jugendherberge/blanken-heim

FREILINGEN

Heidehof (E/Ü)
53945 Blankenheim-Freilingen
(direkt am Ahrsteig gelegen) zwischen
Freilinger See und Reetzer Mühle
Tel. 0 24 49/77 89
ferienwohnung@hermeling-heidehof.de
www.hernmeling-heidehof.de

Jägerhof (E/Ü)
Neuhofenerstraße 17
53945 Lommersdorf
Tel. 0 26 97/5 25
info@hotel-pension-jaegerhof.de
www.westernstadt-lado-city.de
Mo Ruhetag

Meiershof (E)
Steinstraße 32
53945 Blankenheim-Freilingen
Tel. 0 26 97/10 00
Kaesper@Meiershof.de
www.meiershof.de
Di Ruhetag

Ein Schönbär verweilt auf der Wiesenwitwenblume.

EINKEHR UND MEHR ...

Restaurant/Gaststätte
Eifel-Camp Freilinger See (E)
Am Freilinger See 1
53945 Blankenheim-Freilingen
Tel. 0 26 97/2 82
info@eifel-camp.de
www.eifel-camp.de
Mo Ruhetag, außer während der Ferien

Ferienhaus Lorsy (Ü)
Industriestraße 5
53945 Blankenheim-Freilingen
Tel. 0 24 41/54 21
ferienhaus-Lorsy@gmx.de
www.ferienhaus-Lorsy.de

Franzenhof (Ü)
Blankenheimerstraße 8
53945 Blankenheim-Freilingen
Tel. 0 26 97/73 23
Ernst.franzen@freenet.de
www.ferienhaus-familie-franzen.de

CAMPING-/WOHNMOBILSTELLPLÄTZE (C/W)

Parkplatz an der Weiherhalle (W)
Koblenzer Straße
53045 Blankenheim
Tel. 0 24 49/8 72 22

Campinganlage und Hotel Frings-Mühle (C/W/E/Ü)
Hubertus Straße 21 – 31
53045 Blankenheim-Ahrdorf
Tel. 0 26 97/74 25
campingfrings-muehle@t-online.de
www.campingfrings-muehle.de
Mi/Do Küche Ruhetage

Eifel-Camp Freilinger See (C/W)
Am Freilinger See 1
53945 Blankenheim-Freilingen
Tel. 0 26 97/2 82
info@eifel-camp.de
www.eifel-camp.de

FLEXIBLE MOBILITÄT

Taxi Hoffmann
Alendorferstraße 21
53945 Blankenheim
Tel. 0 24 49/74 84

Taxi Klaes
Lindenstraße 3
53945 Blankenheim
Tel. 0 26 97/2 13

Taxi Lippertz
Auf dem Beuel 3
53945 Blankenheim
Tel. 0 24 49/12 25

Rostige, aber lustige Musikanten in Blankenheim (u.), Nickende Distel (o.)

ETAPPE

2

Vom Freilinger See über Aremberg nach Eichenbach

AUF EINEN BLICK

Distanz: 15,74 km
Zeit: 4:50 Stunden

Wegbeschaffenheit:
Wiesen-, Waldwege, naturbelassene Waldwirtschaftswege.

Schwierigkeitsgrad: mittel
Mäßige Anstiege, die einer normalen Wanderung entsprechen, im letzten Viertel etwas stärkere An- und Abstiege, die auch ungeübten Wanderern keine Probleme bereiten.

Koordinaten Freilingen:
BG: 50,41707742
LG: 6,71743155
H: 441

Anfahrt mit ÖPNV:
Von Köln mit RB 24 bis Blankenheim-Wald, dann mit der Buslinie 832 bis Haltestelle Kapelle Freilingen (www.bahn.de).

Fahrplanauskunft:
Bus & Bahn: Tel. 0 180 3/50 40 30 (9 Cent/Minute aus dem deutschen Festnetz)
RVK (Regionalverkehr Köln GmbH):
Tel. 0 180 4/1 13 13 13 (14 Cent/Anruf aus dem deutschen Festnetz)
TaxiBus: Tel. 0 180 4/15 15 15 (20 Cent/Anruf aus dem deutschen Festnetz)

Anfahrt mit PKW:
Von Köln über die A 1 nach Blankenheim, dann die B 258, nach ca. 6 Kilometern links abbiegen auf die K 40 bis Freilingen.
Von Bonn über die B 56 bis Euskirchen, dort auf die A 1 bis Blankenheim, dann weiter wie oben.

Parkmöglichkeiten:
Freilingen Eifel-Camp Freilinger See (C/W), Am Freilinger See 1
Aremberg, am Gasthof Burgschänke, Shuttle-Service

INTERESSANT AM WEGESRAND

Freilingen

460 Meter über NN, 716 Einwohner, Stadt Blankenheim, Kreis Euskirchen, Land Nordrhein-Westfalen.

Die Anfänge von Freilingen sind auf einen römischen Gutshof zurückzuführen. Aus fränkisch-merowingischer Zeit sind Gräberfunde vorhanden. Im Jahre 1366 wurde der Ort erstmals als Stammsitz des Geschlechts von Freilingen genannt. Die ehemalige Burg wechselte durch Erbfolge und Heirat mehrmals die Besitzer. Der Abbruch erfolgte im Jahr 1830. Eisenerzabbau und die Herstellung von Holzkohle waren hier über einen langen Zeitraum hinweg wichtige Wirtschaftszweige.

Der Ort verfügt über eine Barockkapelle aus dem Jahr 1684. Ferner fällt ein zweigeschossiges, außerordentlich großes und repräsentatives Bruchsteinwohnhaus in der Lommersdorfer Straße 2 aus dem 17. Jahrhundert auf.

Ein besonderer Bauernhaustyp, den es nur noch in wenigen Exemplaren gibt, ist der 26 Meter lange „Fachwerk-Streikhof" in diesem Ort.

Aremberg

550–623 Meter über NN, 290 Einwohner, Verbandsgemeinde Adenau, Kreis Ahrweiler, Land Rheinland-Pfalz.

Der Aremberg ist einer der größten tertiären Vulkane der Eifel. Das devonische Grundgebirge wurde mit mächtiger eruptiver Gewalt durchschlagen und der charakteristische Basaltkegel auf der Hochebene geschaffen. Die strategisch günstige Lage nutzten die Herren von Arenberg 1166 und errichteten auf dem Gipfel eine Burg, die nach und nach immer weiter ausgebaut wurde und sich bis 1670 zu einer derart mächtigen Anlage entwickelt hatte, dass sie Hunderten von Soldaten Platz bot. Selbst Ludwig XIV. schreckte die Größe der Festung ab, diese anzugreifen. Erst als die Soldaten nach dem Frieden von Nijmwegen 1679 die Anlage verließen, kam es zur Einnahme der Festung durch französische Truppen. Diese wollten Aremberg zu einem 3.000-Mann-Stützpunkt ausbauen. Bei einer Sprengung allerdings versiegte der Brunnen; ohne Wasserversorgung war die Anlage bedeutungslos. Die Franzosen zogen ab, nachdem sie dem Bauwerk starke Zerstörungen zugefügt hatten.

Die zurückgekehrten Herzöge errichteten aus den Trümmern ein Schloss. Im Jahre 1803 wurde es versteigert und abgerissen, nachdem es 1794 französische Revolutionstruppen beschlagnahmt hatten. Der gesamte Bereich des Aremberges und der Umgebung ist seit 1977 als Naturschutzgebiet mit einem Umfang von 130 Hektar ausgewiesen, um dem tertiären Vulkankegel und der Burgruine einen besonderen Schutz zukommen zu lassen.

Kreuz auf dem „Hühnerberg" bei Lommersdorf (u.); Wo geht es denn hier zum Ahrsteig? (o.)

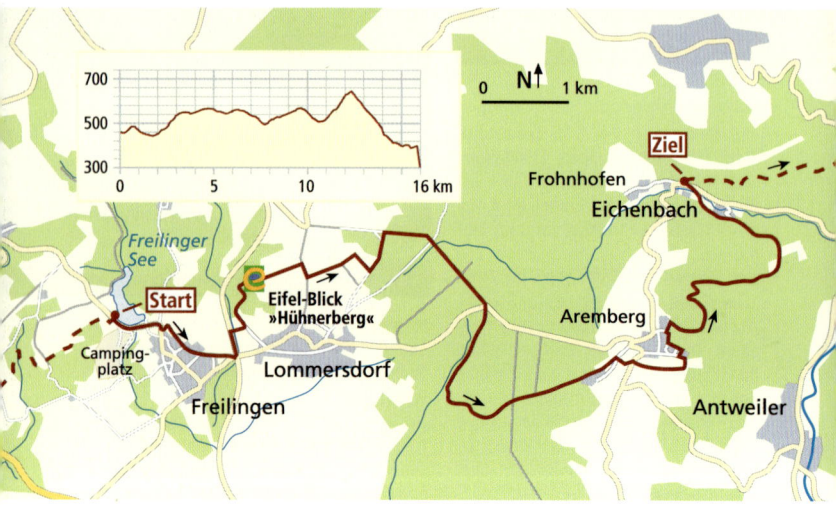

Auf geschichtsträchtigen Pfaden

In Freilingen beginnen wir die zweite Etappe, wie kann es anders sein, direkt am Freilinger See, wo wir das erste Teilstück haben ausklingen lassen. Die Hinweisbeschilderung leitet uns über die Staumauer. Auf der linken Seite breitet sich die ruhige, neun Hektar große Wasserfläche des 1975 fertiggestellten Stausees aus, in der sich die weißen Wolken und die angrenzenden Wälder widerspiegeln, ein Motiv, das unbedingt mit der Kamera festgehalten werden sollte.

Dann erreichen wir auch schon den Ort Freilingen, den wir über einen Wirtschaftsweg am nördlichen Rand der Wohnbebauung passieren, und gelangen nach kurzer Zeit an die Kreuzung der Landesstraße 115. In aller Vorsicht wird die viel befahrene Straße überquert und direkt auf der gegenüberliegenden Seite nach links abgebogen und parallel begleitet. Die ansteigende Kreisstraße 8 führt geradeaus unmittelbar in den Ort Lommersdorf. Nach wenigen Metern zeigt ein Ahrsteig-Hinweis, dass wir in einen kaum erkennbaren Wiesenweg nach rechts abbiegen müssen. Der weitere Verlauf ist stetig ansteigend, führt an Weide- und Wiesenflächen vorbei, und nach einigen kurzen Richtungsänderungen erreichen wir den höchsten Punkt dieses Aufstiegs, den Hühnerberg mit seinem weithin sichtbaren Friedenskreuz. Dieser Berg ist einer der über die ganze Eifel verteilten und beliebten „Eifel-Blicke", die alle durch ihre Lage ein besonderes Panorama und unvergessliche Fernblicke bieten. Der Hühnerberg erlaubt eine Aussicht bis zum Kelberg und zur Nürburg, dem Eselsberg und dem Stromberg. Bei sonnigem Wetter ist es sogar möglich, die Tribünen des Nürburgrings zu erkennen, dessen Überdachung das Sonnenlicht reflektieren. Ferner bietet sich ein herrlicher Blick über das Ahrtal und das Naturerlebnisgebiet Oberes Ahrtal. Wir befinden uns hier auf einer Höhe von 533 Metern über NN.

Wir verlassen den Aussichtspunkt und den Hühnerberg und folgen der weiteren Ausschilderung auf einem ebenerdigen und mit befahrbarem Schotter ausgestatteten Weg. Blicken wir nun etwas nach rechts, erkennen wir bereits den Gipfel des Aremberges, ein Teilziel der zweiten Etappe des Ahrsteigs, während der gleichnamige Ort und der restliche Berg durch die im Vordergrund aufragenden Hügel- und Waldflächen noch verdeckt werden. Blühende Sommerwiesen mit ihrer floralen Vielfalt verbreiten einen unvergesslichen Duft.

Etwas weiter nach rechts ist noch immer der markante Gipfel mit dem aufragenden Bergfried der Nürburg zu erkennen. Rechts und links unseres Weges erstreckt sich weitläufiges Weideland, das auf der rechten Seite zeitweise durch Schatten spendende Sträucher abgeschirmt wird.

Wir erreichen bald die Kreuzung von zwei Wirtschaftswegen. An dieser Stelle tritt der Aremberg etwas deutlicher ins Blickfeld, während sich die Nürburg mit jedem Schritt am Horizont zurückzieht. Nach wenigen Metern wendet sich unser Weg nach rechts und verläuft neben der durch Buschwerk abgegrenzten Kreisstraße 8, die Lommersdorf mit der Landesstraße 115 verbindet. Die Kirche und einige Häuser sind von hier aus schon zu erkennen. Am Ende des Weges überqueren wir die Verbindungsstraße und gelangen auf der anderen Seite auf einen Wirtschaftsweg, der uns sanft einen Hang zwischen Wiesen- und Weideland empor führt. An einer Ruhebank gönnen wir uns noch einmal den Blick über das hinter uns liegende weite Eifelland.

Aussicht vom Eifel-Blick „Hühnerberg" bei Lommersdorf

Der schnurgerade Weg, der schließlich ebenerdig geworden ist, führt auf einen Waldrand zu. Doch bevor wir diesen erreichen, werden wir nach rechts auf einen anderen Wiesenweg abgeleitet. Schließlich an einem geteerten Querweg angelangt, folgen wir diesem nach links und kommen nach wenigen Metern zu einem bewaldeten Bereich. Hinter uns verschwinden das grüne, hügelige Weide- und Wiesenland von Freilingen und Lommersdorf sowie die Eifel-Erhebungen am Horizont langsam aus unserem Blickfeld, wenn wir uns umdrehen.

An einer Gabelung beschreiten wir den rechten Ast, der in einen naturbelassenen Untergrund übergeht. Nach ca. 200 Metern durch hohen Mischwald eröffnet sich vor uns wiederum eine weite Weidefläche, die im Hintergrund durch Waldgebiete eingegrenzt wird. Hier biegen wir nach rechts ein. Vor uns liegt ein schnurgerader, für Holztransporte mit Schotter befestigter Waldwirtschaftsweg. Beidseitig erhebt sich hoher Fichtenwald. Der weitere Verlauf ist eher als unspektakulär zu bezeichnen. Der Weg wird von dem filigranen Schachtelhalm, Farnen, wilden Möhren und anderen Gewächsen gesäumt, die feuchten und sumpfigen Waldboden für ihr Gedeihen bevorzugen. Die Geradlinigkeit des Weges vermittelt jetzt den Eindruck, auf der Stelle zu treten und kaum voranzukommen. Daher bietet es sich wirklich an, der beidseits des Weges vorhanden Vegetation Aufmerksamkeit zu schenken. Schließlich überqueren wir nach zwei unwesentlichen Rechtsschwenkern eine asphaltierte Fahrstraße und be-

treten einen mäßig ansteigenden Weg mit gleicher Untergrundbeschaffenheit wie zuvor. Die letzten Meter bis zum Scheitelpunkt nehmen an Anstieg zu, um dann ein kurzes Stück ebenerdig zu verlaufen und sogleich in eine waden- und fußfreundliche Gefällestrecke überzugehen. Und schon wird in einigen hundert Metern vor uns die Kreisstraße 7 sichtbar. Dort angelangt, bietet eine Schutzhütte auf der linken Seite die Möglichkeit einer kurzen Rast. Dann überqueren wir die Straße und begeben uns auf einen ebenerdigen Waldwirtschaftsweg durch hohen Nadelwald.

Wieder begegnet uns auf dem Randbereich des Weges der beachtenswerte Schachtelhalm und erinnert uns an die Baumformen eines Urzeitwaldes. Ein leichtes Gefälle beschleunigt jetzt unsere Schritte und längst sind die seitlichen Bereiche des Weges von großflächigen Blaubeersträuchern abgelöst worden. Schließlich machen Hinweisschilder darauf aufmerksam, dass auf der rechten Seite aus Gründen des Naturschutzes Alt- und Totgehölz unberührt bleiben. Es wird vor herabfallenden Ästen und umstürzenden Bäumen gewarnt. Vorsicht ist daher, besonders bei starkem Wind, in diesem kurzen Teilstück geboten. Der Weg mäandert ein wenig, behält aber dennoch die grobe Richtung bei.

Das angenehme Gefälle hat nun ein Ende gefunden, denn wir werden auf einen ansteigenden Weg nach links verwiesen. Nach wenigen Metern hinter

Ein häufiges Bild im Mai und Juni – Besenginster

einer Linkskurve passieren wir eine breite Schneise, die sich nach beiden Seiten durch das dichte Waldgebiet zieht. Dann empfängt uns im weiteren Verlauf wieder Mischwald und auf ebenerdigem Grund setzen wir unseren Weg fort.

An einer Stelle, an der wenig später der Weg in eine Rechtskurve übergeht, werden wir geradeaus auf einen im ersten Moment kaum erkennbaren, unscheinbaren Waldweg weitergeleitet. Dort empfängt uns eine ganz andere Atmosphäre. Unsere Schritte werden jetzt auf dem dicht mit Laub bedeckten, weichen Humusuntergrund gedämpft. In immer wieder erfolgenden Richtungsänderungen setzen wir unseren Weg im beeindruckenden Wald-Ambiente fort. Schließlich verlassen wir dieses eindrucksvolle, geheimnisvoll anmutende Waldstück, nicht ohne noch einmal zurückgeblickt zu haben, und treten hinaus auf eine Wegekreuzung, an der wir auf dem mittleren Weg unsere Wanderung fortsetzen.

Zwischenzeitlich haben wir auch unbemerkt das Bundesland gewechselt und sind von Nordrhein-Westfalen nach Rheinland-Pfalz gelangt. Der Waldwirtschaftsweg ist nun leicht ansteigend und auf der mittleren Grasnarbe bequem zu begehen. Kaum eine Richtungsänderung tritt ein. Hier und da kreuzen von rechts und links schmalere Holztransportwege unseren Weg. Nach einem stärkeren Anstieg erreichen wir mitten im Wald eine Kreuzwegstation mit der Darstellung Christi am Kreuz. An dieser Stelle laden zwei Bänke und ein Tisch zu einer Rast ein. Nur wenige Meter danach kommen wir zu einer weiteren Station, die die Auferstehung Christi darstellt. In Sichtweite erinnert ein kleines Heiligenhäuschen an den heiligen Josef, der als Erkennungsattribute seines Berufs den Hobel und den Winkel in den Händen trägt. Einen Steinwurf weiter gelangen wir zu der Schutzengelkapelle, die in dieser Gegend eine besondere Bedeutung hat. Sie wurde im Jahr 1669 auf Initiative des Pfarrers Lorenz Sprünker errichtet. Dieser griff damals den Gedanken der Schutzengelverehrung auf und gründete im gleichen Jahr die Schutzengelbruderschaft, die viele Anhänger fand und diese Kapelle in frommen Fleiß erbaute. Sie wurde in der Umgebung sehr beliebt und häufig besucht. Auch heute wird noch einmal im Jahr am Kirmesmontag Anfang September die heilige Messe in der Kapelle gefeiert, dem Tag des Schutzengelfestes.

Der Turm auf dem Aremberg erinnert an eine einst stattliche Burganlage.

Wir lassen den Ort der christlichen Einkehr hinter uns und setzen unsere Wanderung auf einem gering abwärts führenden, etwas breiteren Weg fort. Auf der rechten Seite liegt das Landgut Kapellenberg, das als Schullandheim genutzt wird. Noch wird der Weg rechts und links von Laubbäumen gesäumt. Kurzfristig sind bei einem Blick nach rechts zwischen den Bäumen am Horizont wieder die Hohe Acht und die Nürburg zu erkennen. An der Stelle, an der der Weg vor uns den Charakter einer Allee annimmt, er wird beidseitig malerisch von gleichwüchsigen alten Linden begrenzt, verlassen wir nach rechts den Kapellenweg und gelangen zu einer farbenprächtigen Sommerwiese, an deren rechten Rand wir auf geringem Gefälle abwärts geleitet werden. Links scheint jetzt der bewaldete Vulkankegel Aremberg mit dem verträumt an seinem Fuß liegenden gleichnamigen 300-Seelen-Dorf zum Greifen nahe. Ein unvergesslicher Panoramablick eröffnet sich uns über das abwechslungsreiche Hügelland im Vordergrund bis in die tiefe Eifel in Richtung Südwesten. Leider ist nach ca. 200 Metern bereits der angenehme Verlauf durch die Wiese beendet, und vor uns kreuzt ein Wirtschaftsweg, auf den wir nach links abbiegen und nach wenigen Schritten auf die Kreisstraße 5 treffen. Schräg rechts vor uns erkennen wir in Sichtweite einen Weg, auf den wir nach vorsichtigem Überqueren der Straße zustreben. Wiederum werden wir dort zwischen Weideland geradeaus weitergeführt. Links erhebt sich ein sanfter Wiesenhang bis an die Wohnbebauung von Aremberg, dahinter der dicht bewaldete Vulkan, wobei der Eindruck entsteht, er würde schützend hinter dem

Von Aremberg ist in der Ferne die Nürburg zu erkennen.

Dorf stehen. Der Blick nach rechts mit der unendlich erscheinenden Weitsicht und dem beeindruckenden Fotomotiv präsentiert die topografische und naturbedingte farbliche Vielfalt der Eifellandschaft. Die Nürburg in weiter Ferne ist allgegenwärtig. Eine Ruhebank würde hier bestimmt zum längeren Verweilen auffordern! Kurze Abschnitte mit Büschen und Sträuchern auf der linken Seite bringen im weiteren Verlauf eine optische Abwechslung auf diesem Teilstück des Weges.

Bald schon überqueren wir wieder einen Wirtschaftsweg, der rechts in einem größeren Gefälle zurück an die Ahr nach Antweiler führt. Die letzten Häuser von Aremberg auf der linken Seite verschwinden jetzt im kräftigen Grün der

Natur. Unser ebenerdiger Weg erreicht nun auf der linken Seite eine Weidefläche. Hier ändern wir die Richtung und biegen nach links auf einen bergan steigenden Wiesenweg. Ein Schild weist uns darauf hin, dass wir nun im Naturschutzgebiet Aremberg angelangt sind. Am Ende des Anstiegs stoßen wir auf eine befestigte Dorfstraße am äußersten Rand von Aremberg. Es ist die Weiherstraße, auf die wir nach links abbiegen. Wenige Schritte bleiben bis zum Amselweg, der uns nach rechts ziemlich ansteigend weiter nach oben in das Ortsinnere führt. Unsere Wegweisung geleitet uns über die Herzog- und Gartenstraße zu einer Stelle, an der wir scharf nach rechts einbiegen müssen, um auf den eigentlichen Weg zum Gipfel des Aremberges und zur gleichnamigen

Burgruine zu gelangen. (Hinweis: Wer auf die Besteigung des Aremberges verzichten und lieber eine bequeme Abkürzung nehmen möchte, schwenkt hier nicht nach rechts ein, sondern geht weiter geradeaus. Später trifft dieser Weg an einer Ruhebank wieder auf den Ahrsteig-Verlauf).

Folgen wir der Ahrsteig-Wegweisung, erweist sich auf den ersten Metern der mit Basaltköpfen befestigte Weg bei feuchtem Wetter als ein wenig rutschig und erfordert bei einer mäßigen Steigung etwas Vorsicht. Dann wandelt sich der Untergrund in einen naturbelassenen, breiter werdenden Waldweg, der bei einer leichten Steigung bequem zu begehen ist.

An einer Sitzgruppe rechts eröffnet sich ein weiter Blick über den Ort Aremberg und das Eifeler Hügelland in Richtung Norden. Auf breitem großzügigem Weg geht es weiter bergan. Auf der linken Seite treten zwischen der alles üppig überwuchernden Vegetation trutzig und noch immer wehrhaft erscheinende Mauerreste der einst mächtigen und bedeutungsvollen Burganlage hervor. Ein Hinweisschild deutet bald nach rechts auf einen schmalen Pfad, der uns kurz vor dem Gipfel wieder abwärts führen soll, während links durch den Baumbewuchs hoch aufragend ein Gemäuer sichtbar wird. Wer nun den kurzen Abstecher zum Gipfel und der einstigen Kernburg machen will, nimmt hier den linken Verlauf und erreicht nach wenigen Schritten einen Turm aus dem Jahr 1854, der allerdings nicht zu betreten ist. Auf dem als Plateau ausgebildeten Gipfel wird deutlich, welches Ausmaß diese Burganlage einst hatte.

Altar der Kirche in Aremberg (li.), Blick auf Aremberg (re.)

Es bietet sich an, hier eine kurze Rast einzulegen, denn Infotafeln geben Auskunft über die bewegte Geschichte und den späteren Werdegang der Burg Aremberg. Eine Fernsicht in alle Himmelsrichtungen ist allerdings wegen der hohen und dichten Bewaldung von hier oben leider nicht möglich. Wir befinden uns inmitten eines Naturschutzgebietes.

Zurück an der Gabelung und der Weiterführung des Ahrsteigs angelangt, betreten wir den eben erwähnten schmalen, abwärts verlaufenden Pfad, der erneut durch vulkanische Geröllfelder, rechts abfallend und links zum Gipfel aufsteigend, begleitet wird. Hier wird wieder einmal deutlich, mit welcher immensen Gewalt die eruptive Tätigkeit einst erfolgte. An der süd-östlichen Seite des Burgberges Aremberg verlieren wir nun konstant an Höhe und erreichen schließlich einen Querweg mit einer Ruhebank auf der linken Seite. Wir biegen nach rechts ein und folgen einem mäßigen Gefälle auf dem bequem zu begehenden, mit Laub bedeckten Weg. Nach kurzem ebenerdigem Verlauf gewinnt der Waldwirtschaftsweg erneut an Gefälle. Abwechselnd übernehmen wieder Nadel- und Laubwald die Vegetation zu beiden Seiten des Weges. Langsam nähern wir uns dem Eichenbacher Tal. Die nächste Gabelung führt uns nach links an einigen gepflegten Ferienhäusern mit blumenreichen Gärten vorbei. Danach lösen rechts im abfallenden Hang Streuobstwiesen den Wald ab. Vor uns liegen die ersten Häuser des kleinen, abgelegenen Ortes Eichenbach. An einer Gabelung verlassen wir nach rechts den Hauptweg und gelangen zwischen den Häusern durch eine Senke auf die Kreisstraße 5. Auf der gegenüberliegenden Seite erwartet uns ein Heiligenhäuschen, das erneut an den heiligen Josef erinnert. Hier beginnt ein kurzer, aber steiler Anstieg auf einem schmalen Pfad. Blicken wir nach wenigen Metern nach links, taucht noch einmal der Gipfel des Aremberges aus den im Vordergrund liegenden dichten Wäldern auf, die wir eben durchquert haben. In Sichtweite liegt nun auf einer Anhöhe die Eichenbacher Kapelle mit einem großen Wanderparkplatz. Hier beenden wir unsere Etappe.

EINKEHR UND ÜBERNACHTUNG

TOURISMUSINFORMATIONEN

**Ahrtal-Tourismus
Bad Neuenahr-Ahrweiler e. V.**
Hauptstraße 80
53474 Bad Neuenahr
Tel. 0 26 41/91 71-0
info@ahrtaltourismus.de
www.@ahrtaltourismus.de

Verkehrsverein Aremberg
Herzogstraße 2
53533 Aremberg
Tel. 0 26 93/10 88

EINKEHR-/ÜBERNACHTUNGSMÖGLICH-KEITEN (E/Ü)

Burgschänke (E/Ü)
Burgstraße 22
53533 Aremberg
Tel. 0 26 93/3 91
info@burgschaenke-aremberg.de
www.burgschaenke-aremberg.de
Mi Ruhetag

Landgasthaus „Zum Wiesengrund" (E/Ü)
Ahrtalstraße 55
53933 Eichenbach
Tel. 0 26 94/3 78
info@hotel-wiesengrund.com
www.hotel-wiesengrund.com
Di Ruhetag

Am Eichenbach (E/Ü)
Restaurant & Ferienwohnungen
Frohnhofenerstraße 39
53933 Eichenbach
Tel. 0 26 94/7 85
info@ameichenbach.de
www.ameichenbach.de
Mo Ruhetag

Ferienwohnung Sesterheim (Ü)
Wiesenweg 2
53933 Fuchshofen
Tel. 0 26 93/8 38

CAMPING-/WOHNMOBILSTELLPLÄTZE (C/W)

Eifel-Camp Freilinger See (C/W)
Am Freilinger See 1
53945 Blankenheim-Freilingen
Tel. 0 26 97/2 82
info@eifel-camp.de
www.eifel-camp.de

FLEXIBLE MOBILITÄT

Taxi Hoffmann
Alendorferstraße 21
53945 Blankenheim
Tel. 0 24 49/74 84

Taxi Klaes
Lindenstraße 3
53945 Blankenheim
Tel. 0 26 97/2 13

Taxi Lippertz
Auf dem Beuel 3
53945 Blankenheim
Tel. 0 24 49/12 25

Die Knäuel-Glockenblume bildet immer einen kräftigen Farbtupfer.

Passionsspielort Schuld umgeben von Wiesen und Wäldern

ETAPPE 3

Von Eichenbach nach Schuld

AUF EINEN BLICK

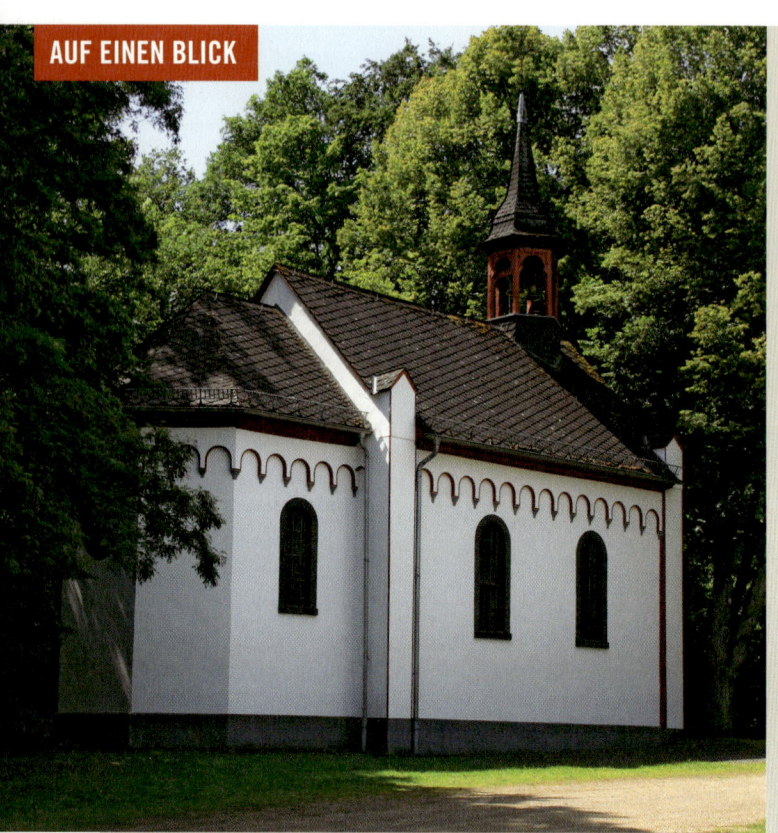

Distanz: 9,04 km
Zeit: 3:15 Stunden

Wegbeschaffenheit:
Überwiegend angenehm zu begehende Wald- und Wiesenwege.

Schwierigkeitsgrad: mittel
Leichtfüßige Wanderung mit entsprechenden Steigungen und Gefällestrecken. Im letzten Drittel auf- und absteigender Pfadcharakter, der dem ungeübten Wanderer etwas mehr Aufmerksamkeit abverlangt.

Koordinaten Eichenbach:
BG: 50,43090534
LG: 6,81198478
H: 383

Anfahrt mit ÖPNV:
Buslinie 864 von Adenau oder Dümpelfeld; fährt über Insul, Schuld, Harscheid, Sierscheid, Fuchshofen, Wershofen. Buslinie 817 von Adenau Markt (VRM-Hotline 0 180 5/98 69 86 [14 Cent/Minute aus dem deutschen Festnetz], www.vrminfo.de).

Anfahrt mit PKW:
Von Blankenheim die B 258 bis Müsch, dort nach links abbiegen auf die K 73, dann nach ca. 6 Kilometern nach links abbiegen auf die Ahrtalstraße Richtung Eichenbach.

Parkmöglichkeiten:
Eichenbach, Wanderparkplatz an der Kapelle

INTERESSANT AM WEGESRAND

Schuld

890 Meter über NN, ca. 900 Einwohner, Verbandsgemeinde Adenau, Kreis Ahrweiler, Land Rheinland-Pfalz.

Die frühe Gründung von Schuld ist urkundlich 975 nachgewiesen. Die Wasserkraft der Ahr hat sich ihren Weg dort im Laufe der Zeit tief durch senkrecht abfallende Felsen gegraben. Bereits Gottfried Kinkel hat den Ort besucht und 1841 folgendermaßen beschrieben: „Von Insul gelangt man zur Schornkapelle, einem der schönsten Aussichtspunkte der ganzen Ahr. Fast völlig senkrecht stürzt unter der Kapelle die graue Seitenwand ins Tal hinunter; aus der Tiefe braust der Fluss hinauf, der hier unter starker Windung gegen den Felsen stürzt. Unten im Tal aber, auf einem mächtigen Ausläufer des Felsens liegt Schuld mit seiner Kirche, seine Häuser schauen nach allen Richtungen in den Fluss hinab, der das Dorf wie eine Festungsbastion von drei Seiten umwindet." Sehenswert ist die Pfarrkirche St. Gertrud aus dem 13. Jahrhundert mit dem stattlichen romanischen Westturm. Hier finden in regelmäßigen Abständen Passionsspiele statt (Infos: www.passionschuld.de). Bereits am Ortseingang wird auf die Parallelen zu Oberammergau hingewiesen.

Die Schornkapelle beherbergt ein mittelrheinisches Vesperbild aus der Mitte des 15. Jahrhunderts.

Der Mangel an Unterhaltung in der Region diente im Jahre 1947 als Anlass, eine Freilichtbühne (Spielzeit Juli, August) oberhalb von Schuld, gleich neben der Schornkapelle zu schaffen. Heute ist die Freilichtbühne mit ihrem Ensemble weit über die Grenzen der Eifel bekannt. Von Klassik über Märchen und Musicals bis hin zu Operetten reicht das Programm in den Sommermonaten. Seit über 60 Jahren blicken die Laienschauspieler auf ihre Erfolge zurück. Anfangs, während der Zeiten nach dem Zweiten Weltkrieg, wurde der Eintritt zum Teil noch in Naturalien entgegengenommen und diese wiederum wurden in Stoff für die Kostüme oder Dekorationen getauscht.

Reife Schlehen (li.), reetgedecktes Haus in Eichenbach (re.)

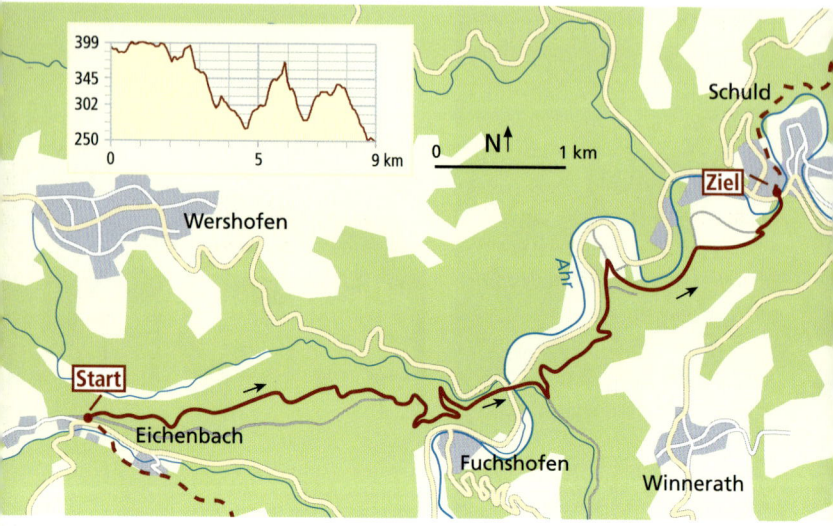

Aus dem Gebirge zurück an die Ahr

Ein günstiger Ausgangspunkt für die nächste Etappe ist die sich auf einer Anhöhe erhebende Kapelle von Eichenbach mit ihrem Wanderparkplatz. Das gepflegte kleine Kirchlein hinter uns lassend, beschreiten wir einen naturbelassenen, befestigten Waldwirtschaftsweg in östlicher Richtung, den wir allerdings bereits nach 150 Metern im Scheitelpunkt einer Linkskehre verlassen und geradeaus auf einem Waldweg, der mit frischem Gras bedeckt ist, unsere Wanderung fortsetzen. Der Weg verläuft ebenerdig und wird an beiden Seiten von Tannen und Ginsterbüschen eingegrenzt. Einige Rechts-Links-Schwenker verändern nichts an unserer ursprünglich eingeschlagenen Richtung. Dann öffnet sich der Wald und die Sicht aufwärts zu einem Wiesenhang auf der rechten Seite wird frei. Gegenüber erkennen wir durch eine Schneise tief unten das Dreisbachtal. Wenig später gelangen wir erneut in ein Waldstück, bis sich an einer Steigung wiederum auf der rechten Seite eine große Weidefläche erstreckt. Ein Wirtschaftsweg, auf den wir nach links einschwenken, quert unsere Strecke. An der Beschaffenheit des Weges und der Umgebung ändert sich erst einmal nichts. Die zahlreichen Hochsitze und aufgewühlte Weideflächen lassen auch hier wieder auf hohe Population von Schwarzwild schließen.

An einer waldfreien Fläche zeigen sich wenig später auf der linken Seite im Hintergrund die bewaldeten Anhöhen jenseits des Dreisbachtals. Der Duft der voll in Blüte stehenden Schlehenbüsche auf der rechten Seite dringt zu uns herüber. An einer Wegekreuzung neben einem Hochstand gabelt sich unser Weg. Wir nehmen den rechten Ast und folgen nun einem stark ansteigenden, geraden Wiesenweg zwischen den Weideflächen. Dadurch gewinnen wir stetig an Höhe, sodass sich um uns herum bald eine weitläufige Wald- und Wiesenlandschaft eröffnet. Nach dem kräfteraubenden Anstieg erreichen wir einen geteerten Querweg, auf den wir nach links einbiegen. Wir befinden uns nun auf dem Scheitelpunkt der Anhöhe, sodass sich der weitere Verlauf des Weges ebenerdig und fußfreundlich darstellt. Blicken wir von hier nach links zurück, erscheint oben auf der gegenüberliegenden Erhebung der ca. 1.000 Einwohner zählende Ort Wershofen.

Wir nähern uns einem Waldstück, vor dem die Asphaltierung endet und uns zunächst ein angenehm zu begehender, ebenerdiger Waldwiesenweg empfängt. Nach kurzer Zeit umgibt uns beidseitig Tannen- und Kieferwald. Dichtes Moos verwandelt den Boden in eine teppichartige Fläche.

An der Stelle, an der der beidseitige Wald höher wird, setzt auf unserem Weg ein Gefälle ein, und wir erreichen nach ca. 350 Metern eine Stelle, an der sich ein aufsteigender Weg von links mit unserem vereint. Wir biegen dem Wegverlauf folgend nach rechts ein. Die immer wieder an Baumstämmen erscheinenden Logos des Ahrsteigs zeigen uns, dass wir uns auf dem richtigen Weg befinden.

Der mit Gras bewachsene Untergrund verläuft zunächst ebenerdig. Doch es dauert nicht lange, bis wir wieder eine Gefällestrecke in einem Laubwald erreichen und unsere Schritte beschleunigt werden.

Von links aus dem Tal dringen von der Landesstraße 74 Verkehrsgeräusche empor. Für eine kurze Strecke verläuft der Weg nun ebenerdig, im Sommer durch hohes Gras begleitet. An einer Spitzkehre folgen wir der Richtung. Der hier vorherrschende Laubwald lässt hin und wieder nach rechts den Blick auf einige Häuser des direkt unten an der Ahr gelegenen Ortes Fuchshofen zu. An einer Schneise, durch die sich eine Oberlandleitung zieht, wird schließlich die ungehinderte Aussicht auf Fuchshofen freigegeben. Eine enge Haarnadelkurve ändert an dieser Stelle unsere Richtung nach links, doch gleich nach

der gerodeten Fläche tauchen wir wieder in den Wald ein. Auf der rechten Seite fällt das Waldgelände in eine Schlucht ab, links hingegen ragen stellenweise bizarr Felsen aus dem aufsteigenden Hang.

An einem Querweg leitet uns die Hinweisbeschilderung nach rechts auf einen naturbelassenen Holzwirtschaftsweg. Der weitere Verlauf ist nun teils ebenerdig, um dann wieder etwas an Gefälle zuzunehmen. Es dauert nicht lange, bis das Talniveau in unmittelbarer Nähe des Dreisbachs erreicht ist.

In ca. 30 Metern Entfernung begrenzt vor uns eine Leitplanke die Landesstraße 74. Rechts am Fuß eines bewaldeten Steilhangs wird eine dunkle, für Unbefugte abgesperrte Tunnelöffnung einer ehemaligen Bahntrasse durch das Ahrtal sichtbar. Wir gehen parallel rechts am Dreisbach auf einem ebenerdigen Weg weiter, der aufgrund seines feuchten und weichen Zustands nur ein langsames Fortkommen erlaubt. Nach ca. 200 Metern stoßen wir auf die Landesstraße 74, folgen ihr nach rechts und treffen in Sichtweite nach wenigen Schritten auf die Landesstraße 73. Dort überquert sie über eine Steinbrücke die Ahr. Der schmale Fußweg beidseitig der Fahrbahn ist nur hintereinander zu begehen. Es ist ratsam, diese ca. 40 Meter neben der viel befahrenen Straße zügig hinter sich zu bringen. Auf der anderen Seite, auf der einige Häuser stehen, führt uns die Ausschilderung des Ahrsteigs wieder in ungefährlichere, verkehrsfreie Bereiche.

Wir passieren die Wohnbebauung und begeben uns etwas ahraufwärts, bis wir schon bald in einer Spitzkehre nach links geleitet werden. Nach einem etwas steileren Aufstieg auf einem Wirtschaftsweg ist der Ahrtalweg, der ab nun identisch mit dem Ahrsteig weitergeführt wird, bald erreicht. In unterschiedlichen Steigungen und Gefällen verläuft der Weg nun durch Nadel-, Laub- oder Mischwaldpartien. Die Nähe zur Landesstraße 73 links unter uns im Tal macht sich immer wieder durch heraufdringende Verkehrsgeräusche bemerkbar. An Stellen, an denen es der Baumbewuchs auf der linken Seite zulässt, wird der Blick auf die Ahrauen und den Ahrverlauf gewährt. Die im weiteren Verlauf geringfügigen Steigungen lassen den Weg nicht schwieriger werden. Das wechselnde Bild von Laub- und Mischwald ist stets gegenwärtig.

Mit Moos bedeckte Felsen auf der rechten Seite zeigen, dass hier Schatten die Vorherrschaft hat. Auch der Boden vor uns weist stellenweise feinen Moosbewuchs auf, der angenehm empfunden wird. Jede Richtungsänderung ist topografisch bedingt, da oft Felsformationen ausgewichen werden muss. Nach einer markanten S-Kurve kommen wir an einen Abhang, dem sich die Ahr links unter uns angenähert hat, sich aber sogleich wieder in einem großen Bogen durch ihre Auen von uns entfernt. Am Fuße eines gegenüberliegenden Hanges erreicht sie ein Waldgebiet und entschwindet aus unserem Sichtfeld. An einer Spitzkehre ändert sich unser Wegverlauf, und wir biegen scharf nach rechts in einen Nadelwald ein, den wir nach einer kurzen Gefällestrecke wieder hinter uns lassen. In Blickrichtung wird es heller, und wir gelangen auf eine weitläufige Hangwiese, die links an allen Seiten von Schlehensträuchern eingerahmt wird. Auf der rechten Seite erstreckt sich in einem weiteren Ahrbogen am Fuße der Schulder Hardt der gepflegte Campingplatz. Dem Wegeverlauf folgend an einem Hochstand angelangt, werden wir in einer Spitzkehre nach rechts auf einen Wiesenweg geleitet. Der weiche Grasuntergrund und der ebene Verlauf stellen eine Wohltat für die Füße dar. Eine Ruhebank unter einer alten, im Sommer Schatten spendenden Eiche fordert zu einer kurzen Rast auf, den Blick auf den Campingplatz gerichtet.

Als wir wenig später den Wald erreichen, reduziert sich der freundliche Wiesenweg auf einen schmalen, nur hintereinander zu begehenden Waldpfad,

der jetzt an seinem Anfang in mäßigen bis größeren Steigungen vor uns liegt, bis wir uns schließlich auf halber Höhe der Schulder Hardt befinden. Rechts steigt das bewaldete Gelände steil an, während es sich zur anderen Seite in einem abschüssigen, mit Bäumen bestandenen Hang darbietet. Aus dem Pfad herausragende Baumwurzeln sind manchmal eine Hilfe, sicheren Tritt zu fassen. Allerdings können sie bei Unachtsamkeit auch eine Stolperfalle darstellen. Unser Steig, der in diesem Bereich auch den Namen „Jägerpfad" trägt, verläuft auf und ab, wobei sich die Anstiege als länger erweisen, so-

dass wir fast unbemerkt an Höhe gewinnen. Die Breite wird stellenweise so gering, dass eine Verständigung mit entgegenkommenden Wanderern erforderlich wird. Dieser Abschnitt verdient eindeutig die Bezeichnung „Steig". An einer Ruhebank wird das volle Ausmaß der Ahrschleife kurz vor Schuld noch immer in der Höhe des Campingplatzes deutlich. Die Steigungen und Gefällestrecken werden jetzt extremer. Kaum ist das Ende eines steilen Anstiegs erreicht, führt der Weg in ähnlichem Gefälle wieder nach unten, um erneut Anlauf für die nächste Steigung zu nehmen. Etwas weiter erheben sich dann mächtige Felsformationen auf der rechten Seite aus dem Hang, die teilweise großflächig mit Moos bedeckt sind. Auch der Weg selbst wird nun steiniger, Felsschichten treten aus dem Untergrund heraus.

Wieder gelangen wir auf eine Anhöhe, die einen wunderbaren Ausblick auf das hier weitläufige Ahrtal mit seiner Ahrschleife bietet. Die verringerte Vegetation zeigt uns, dass eine bestimmte Höhe erreicht ist.

Selbst der schönste und imposanteste Pfad muss einmal ein Ende finden. Wir lassen eine beeindruckende Strecke hinter uns. In Sichtweite vor uns erscheint der anerkannte Fremdenverkehrsort Schuld, eingebettet in sanfte, satte Weiden und dunkelgrüne, bewaldete Anhöhen des Ahrgebirges. Wir streben unser Ziel an und gehen weiter rechts auf einen breiten, mäßig abfallenden, mit Gras bewachsenen Wirtschaftsweg, der nach den hinter uns liegenden Anstrengungen etwas Entspannung gewährt.

Ruhebank oberhalb von Schuld

Auf den letzten Metern unserer Strecke von Eichenbach nach Schuld erreichen wir auf der rechten Seite noch einmal mächtige Felsen, in deren Zwischenräumen knorrige Eichen und Buchen auf kargem Grund ihren Halt gefunden haben. Eine Geopfad-Tafel am Wegesrand erklärt deren Entstehung, über die mehr unter www.geopfad-schuld.de zu erfahren ist.

Wir gelangen schließlich zu einem Naturparkplatz und lassen unsere Wanderung langsam ausklingen. Wer noch die Zeit beziehungsweise das Interesse hat und vor allem noch über ausreichend Kraft verfügt, kann von hier aus zwei Aussichtpunkte oberhalb der Felsformation in wenigen Minuten steilen Aufstiegs erreichen und einen nahezu unbeschreiblichen Ausblick über das tief unten liegende Ahrtal und den Passionsspielort Schuld genießen.

Über einen Wiesenweg, vorbei an einer Muttergottes-Station streben wir der katholischen St.-Gertrud-Kirche entgegen. Es ist ein geeigneter Platz, die Etappe zu beenden.

EINKEHR UND ÜBERNACHTUNG

TOURISMUSINFORMATIONEN

Ahrtal-Tourismus
Bad Neuenahr-Ahrweiler e. V.
Hauptstraße 80
53474 Bad Neuenahr
Tel. 0 26 41/91 71-0
info@ahrtaltourismus.de
www.@ahrtaltourismus.de

Tourist-Information Adenau
Kirchstraße 15
53518 Adenau
Tel. 0 26 91/3 05 16
tourismusverein@adenau.de
www.hocheifel-nuerburgring.de
www.schuld-ahr.de

EINKEHR-/ÜBERNACHTUNGSMÖGLICH-KEITEN (E/Ü)

Hotel-Restaurant-Café Schäfer (E/Ü)
Schulstraße 2
53520 Schuld
Tel. 0 26 95/3 40
Hotel-Schaefer@t-online.de
www.hotel-schaefer-schuld.de
Mi/Do Ruhetage

Hotel-Restaurat-Café
„Zur Linde" (E/Ü)
Hauptstraße 2
53520 Schuld
Tel. 0 26 95/2 01
Hotel-zur-Linde@web.de
www.hotel-restaurant-linde-schuld.de
Di Ruhetag

CAMPING-/WOHNMOBILSTELLPLÄTZE (C/W)

Campingplatz Schuld (C/W)
Martinshöhe 1
53520 Schuld
Tel. 0 26 95/13 73 oder -15 43
campingplatz-blaeser@t-online.de

FLEXIBLE MOBILITÄT

Taxi Wenzel
Alte Hofstraße 20
53520 Insul
Tel. 0 26 95/2 75

Mächtige Felsenwand oberhalb von Schuld

Gedenkkreuz und Ruhebank auf der Dümpelhardt

ETAPPE

Von Schuld über Insul nach Liers

AUF EINEN BLICK

Distanz: 11,42 km
Zeit: 4:40 Stunden

Wegbeschaffenheit:
Überwiegend angenehm zu begehende Wald- und Wiesenwege sowie einige befestigte, aber naturbelassene Waldwirtschaftswege.

Schwierigkeitsgrad: mittel
Zwei mäßige An- und Abstiege, ein größerer An- und Abstieg, allerdings auf naturbelassenem Untergrund. Im ersten Drittel zum Teil Felsenpfad. Bei aus Brettern gebildeten Stufen an Steigungen oder Gefällen ist bei nasser Wetterlage kurzfristig auf den Zustand zu achten.

Koordinaten Schuld:
BG: 50,44588388
LG: 6,88717246
H: 239

Anfahrt mit ÖPNV:
Von Köln/Bonn/Koblenz mit der DB bis Remagen, dann RB 30 (Ahrtalbahn) bis Ahrbrück (Endstation, www.bahn.de), dort umsteigen in Buslinie 863 bis Dümpelfeld und weiter mit Buslinie 864 bis Schuld.

Von Adenau mit der Buslinie 864 bis Schuld (VRM-Hotline 0 180 5/98 69 86 [14 Cent/Minute aus dem deutschen Festnetz], www.vrminfo.de).

Anfahrt mit PKW:
Von Köln/Bonn über die A 555/A 565 bis Meckenheim, von dort über die B 257 bis Dümpelfeld, rechts abbiegen auf die L 73 bis Schuld.
Von Koblenz über die A 61 bis Bad Neuenahr, von dort über die B 267, 257 bis Dümpelfeld und weiter wie oben.
Von Blankenheim über die B 258 bis Müsch, dort links abbiegen und über die L 73 bis Schuld.

Parkmöglichkeiten:
Schuld Ortsmitte Richtung Winnerath, nach ca. 200 m rechts; Parkplatz an der Freilichtbühne/Schornkapelle, ca. 1 km vom Ort entfernt

INTERESSANT AM WEGESRAND

Die Hahnensteiner Wassermühle (nicht zu besichtigen) am östlichen Ortseingang von Insul galt als eine der bedeutendsten unter den 15 Mühlen des kurkölnischen Amtes Nürburg. Im Jahre 1556 zahlten die Betreiber zwölf Malter Korn und ein Mühlenschwein als Pacht, 1728 waren es 13 Malter Korn und vier Reichstaler. Im 19. Jahrhundert erwarb die Familie Stappen von einem Müller, der nach Amerika auswanderte, die Mühle und betrieb diese bis 1984. Heute wird dort nur noch geschrotet.

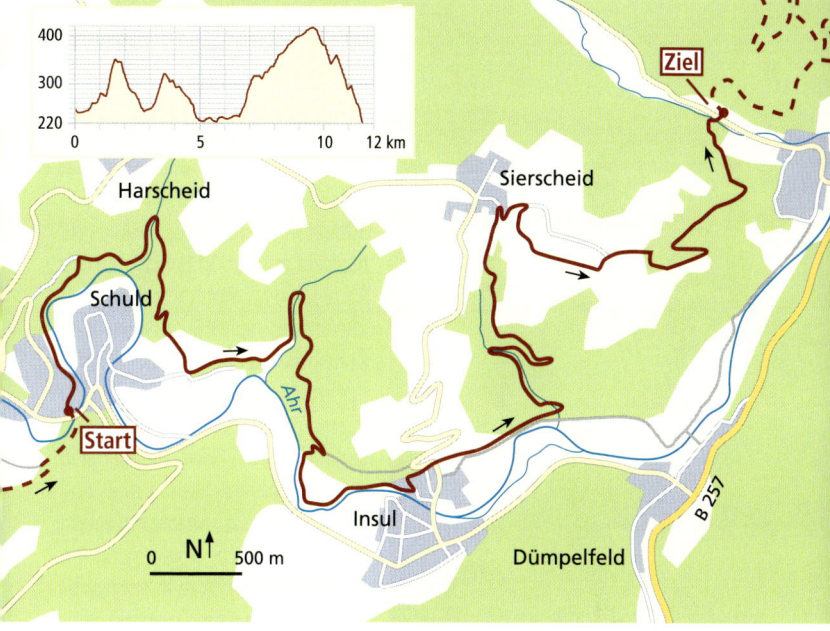

Felsen, Fachwerk und gute Aussichten

Die nächste Etappe beginnen wir im Passionsspielort Schuld. Von der Kirche aus, an der die vorherige Etappe beendet wurde, gehen wir 150 Meter nach links auf dem Gehweg der Landesstraße 73, überqueren die Ahr und biegen in die Ahrstraße ein. Diese führt uns zunächst durch den Ort entlang des Wasserlaufs auf der rechten Seite, links erstreckt sich Wohnbebauung. Die Ahr wird an dieser Stelle durch eine hohe Felsenwand eingegrenzt, auf deren oberer Kante weitere Häuser stehen.

Es dauert nicht lange, bis wir das letzte Haus der Ahrstraße passieren. Gleichzeitig endet auch der Asphaltbelag, und wir folgen einem naturbelassenen Fahrweg, der nun an Steigung zunimmt und in ein bewaldetes Gebiet führt. Rechts unter uns entfernt sich die Ahr, jetzt eingerahmt durch saftige Auen. Langsam und stetig gewinnen wir an Höhe. Vor einer Linksbiegung werfen wir noch einmal einen Blick zurück und erkennen Teile des Ortes Schuld und die dahinter ansteigenden Höhen des Ahrgebirges.

An einer Wegekreuzung, an deren linker Seite sich einige Wochenendhäuser anfügen, müssen wir nach rechts auf einen mit Gras bewachsenen Waldweg einbiegen. Dieser verläuft zunächst ebenerdig. Links erhebt sich eine mit

Mischwald bestandene Böschung, während rechts der Hang steil in das Tal abfällt. Als wir schließlich aus dem uns begleitenden Wald heraustreten, strebt links ein hoher Felsen empor, unter dem eine Ruhebank zum Verweilen einlädt. Von hier eröffnet sich eine beeindruckende Aussicht auf den Ort Schuld und das Ahrgebirge im Hintergrund.

Wir lassen schließlich den Aussichtspunkt hinter uns, tauchen wieder in den Wald ein, gelangen nach kurzer Zeit zu einer Weggabelung und folgen dem linken Ast, der sich als sehr schmal, zudem steil und mühsam erweist, um dann in einem Waldstück nach einer scharfen Rechtskehre den Weg in entgegengesetzte Richtung fortzusetzen. Aber es dauert nicht lange, bis die weitere Route wieder in einen schmalen Pfad übergeht, der sich abwechselnd der vorhandenen ansteigenden oder abfallenden Geländeform anpasst. Je mehr wir an Höhe gewinnen, desto steiniger und felsiger wird der Untergrund. Zudem fordern Baumwurzeln erhöhte Aufmerksamkeit. Uns umgibt jetzt ein dichter Buchenwald. Der hohe Baumbestand nimmt schließlich ein Ende. Dann treten wir hinaus in eine schroffe, atemberaubende, hoch liegende Felsenlandschaft. Links grenzt jetzt mächtig und überwältigend aufsteigendes Gestein, rechts steil, fast bedrohlich abfallendes Gelände unseren schmalen Pfad ein. Eine Ruhebank kommt wie gerufen. Wir nehmen Platz und sehen im wahrsten Sinne des Wortes zu unseren Füßen erneut Schuld unten im Tal liegen. Besonders jetzt wird uns bewusst, welchen Höhenunterschied wir seit Beginn unserer Etappe vom Talniveau an der Ahr bis hier oben überwunden haben. Im Hintergrund tritt nun auch wieder die mächtige vulkanische Kuppe des scheinbar allgegenwärtigen Aremberges hervor, der uns an der oberen Ahr stets in Sichtweite begleitet hat.

Weiter sind Trittfestigkeit und Schwindelfreiheit erforderlich. Für den einen bedrohlich, für den anderen faszinierend, zeigt sich hier eine schroffe Felsenwelt. In Serpentinen und wechselnden Richtungen ergeben sich immer wieder neue Ausblicke, die die Besonderheit dieser Landschaft anschaulich machen.

Die Bezeichnung „Steig" ist hier oben einmal mehr wirklich angebracht. Die Vegetation unmittelbar an unserer Wegeführung hat sich den Gegebenheiten angepasst und weist alpinen Charakter mit Blumen und Gewächsen auf, die sich auf dem kargen Boden wohlfühlen und farbenfroh gedeihen.

Dann lassen wir uns noch einmal von der bizarren Schönheit der Umgebung beeindrucken. Allmählich haben wir uns wieder bergab bewegt, uns von einer Aussichtshütte rechts erneut einen Gesamtüberblick über die Landschaft verschafft und erreichen nun bewaldetes Gebiet, sodass der noch immer schmale Pfad einen moosigen und ebenerdigen Untergrund bietet und schließlich auf eine geteerte Fahrstraße mündet.

Folgen wir der Wegweisung an einem großen, eingezäunten Anwesen vorbei, werden wir nach kurzer Strecke wieder nach links zu Wiesen und Weiden geleitet. Auf der rechten Seite befindet sich ein undurchdringliches, wild zugewachsenes Areal, auf dem einst ein römischer Gutshof gestanden hat. Die Reste sind allerdings nicht zu besichtigen, weil diese vollkommen überwuchert und unzugänglich sind. Lediglich eine Tafel weist auf Entstehung, Entwicklung und Enddeckung hin.

Der Weg führt nun durch die Wiesen leicht abwärts in Richtung Ahr bis zu einer Kreuzung, an der wir nach links einbiegen müssen. Mäßig ansteigend

Der Dornige Hauhechel blüht an Weg- und Waldrändern.

beschreiten wir den breiten, mit Schotter befestigten Weg, vorüber an bunten Blumenwiesen, die wenig später durch Sträucher und anschließend durch ein Waldgebiet abgelöst werden. In einer scharfen Rechtskehre verläuft unser Weg dann weiter überwiegend durch Mischwald in östliche Richtung. Auf kurzer Strecke passieren wir unterschiedliche Waldstücke, und als Verkehrsgeräusche an unser Ohr dringen, nähern wir uns der Landesstraße 73, die unten rechts auf der gegenüberliegenden Seite der Ahr verläuft. Nach einigen scharfen Kurven gelangen wir zu einer großen Wiese, die sich vor uns öffnet. Auf ihrer rechten Seite finden wir unseren weiteren Weg. Durch den Strauchbewuchs hindurch erkennen wir, dass sich die Ahr jetzt in zwei Arme geteilt hat.

Eine lang gestreckte, steinige Insel mit den typischen, das Wasser suchenden Gewächsen teilt über eine längere Strecke den ansonsten einstromigen Fluss, der unserem Steig seinen Namen gibt. Kurz bevor der Wiesenweg endet, wird die Ahr auf der gegenüberliegenden Seite durch einen senkrecht aufsteigenden Felsen begrenzt, was in diesem Bereich immer wieder als Besonderheit hervorgehoben und beschrieben wird. Nur von dieser Stelle ist die geologische Formation zu erkennen. Dann verlassen wir das freundliche und friedlich anzusehende, sommerlich blühende Wiesenareal und erreichen einen kombinierten Rad-/Wanderweg, der so angelegt ist, dass in jeder Richtung eine eigene asphaltierte Spur für Radfahrer zur Verfügung steht, getrennt durch einen Grünstreifen und zusätzlich noch einem beidseitig vorhandenen Wiesenweg für Wanderer.

Auf der rechten Seite erscheinen etwas verdeckt durch Sträucher und Bäume die ersten Häuser von Insul. Wenig später stoßen wir schließlich auf die Landesstraße 25. Schnell ist diese überquert, und wir gelangen sogleich auf der gegenüberliegenden Seite auf einen schattigen Wiesenweg, der rechts von hohen Bäumen eingegrenzt wird. Links erstrecken sich Pferdeweiden. Während der bequem zu begehende Weg zunächst eine geringe Steigung aufweist, ist nach kurzer Zeit bereits der Scheitelpunkt erreicht, und wir folgen einem Gefälle in gleicher Neigung, wie sie zuvor der Anstieg aufwies. Ungeachtet einer Einmündung von rechts, bleiben wir bei unserer Richtung geradeaus auf einen ebenerdig verlaufenden Schotterweg. Wenn wir die letzten Häuser von Insul hinter uns gelassen haben, beginnt eine leichte Steigung, die uns in einer lang gestreckten Linkskurve unvermindert an Höhe gewinnen lässt. Laub- und Nadelwald lösen sich nun ab und bringen Abwechslung im weiteren Verlauf des Weges. Die Steigung nimmt noch zu, die Schritte werden schwerer, bis eine Kehre vor uns liegt, die uns scharf nach

rechts lenkt, sodass wir nun in entgegengesetzter Richtung weitergeführt werden. Noch sind die ersten Meter angenehm auf ebenem Niveau zu wandern. Dann beginnt auch schon wieder ein Anstieg, der uns in einen Buchenwald führt, der an heißen Sommertagen etwas Kühle und Schutz gewährt. Der Untergrund zeigt sich jetzt steinig, ist aber dennoch ohne größere Schwierigkeiten zu begehen. An Stellen, an denen die Sonne von oben durch das dichte Laub dringen kann, lässt sie Gräser und Kräuter aus dem Boden sprießen. Mit zunehmender Höhe wird der Hang auf der linken Seite felsiger, begleitet von entsprechender Vegetation. An der folgenden Gabelung weist uns der Verlauf auf einen komfortablen, mit Gras bewachsenen Weg, der auf der rechten Seite von Ginster- und Buchenhecken eingegrenzt wird.

Bereits ca. 700 Meter weiter zieht sich der Wald zurück, wir treten in die Helligkeit des Tages und erkennen auf der linken Seite auf hügeligem Gebiet Rinder- und Pferdeweiden, die zu dieser Jahreszeit von goldgelben Ginsterbüschen einfasst werden. Nicht weit vor uns blinkt durch das Laub der Bäume der goldene Hahn auf der Turmspitze der kleinen Maternus-Kapelle und zeigt uns, dass wir ein Teilziel in Kürze erreicht haben. Die letzten Meter steigen

Blick von der Dümpelhardt in Richtung Nordosten

noch an. Auf der Ruhebank direkt neben der Kapelle nehmen wir Platz, um uns im Schatten eines Baumes eine kurze Verschnaufpause zu gönnen, und blicken über den kleinen Ort Sierscheid mit seinen gepflegten Fachwerkhäusern. Es handelt sich zwar um einen Höhenort, der dennoch durch seine topografischen Gegebenheiten geschützt hier oben in einer Mulde liegt.

Dann geht es weiter! Wir folgen einfach auf einem kurzen Stück der Wegweisung auf einem geteerten Fahrweg inmitten von bunten Sommerwiesen. Es sind auf diesem Untergrund zum Glück nur wenige Meter, bis wir nach links leicht ansteigend schwenken müssen und zu einer Ruhebank unterhalb einer alten, knorrigen Kiefer gelangen. Wenn wir uns umschauen, liegt der kleine Ort Sierscheid etwas tiefer malerisch vor uns, von Wiesen und Wäldern umgeben. Weit im westlichen Hintergrund überragt der mächtige tertiäre Vulkan Aremberg die gesamte Region.

Wir biegen an dieser Stelle nach rechts ein, verlassen die geteerte Fahrstraße und beschreiten einen Wiesenweg, der nicht nur jahreszeitlich bedingt eine Fülle von Blumen, sondern auch eine Vielfalt von Insekten verschiedenster Arten präsentiert und einen unvergesslichen Blüten- und Kräuterduft verströmt.

Weit im Hintergrund in südlicher Richtung erheben sich die Ahrberge in den unterschiedlichsten Grüntönen der Wiesen und Wälder. Ganz weit am südöstlichen Horizont zeichnet sich vor dem blauen Himmel der Bergfried der Nürburg auf ihrem vulkanischen Kegel ab.

An einer Wegekreuzung, vor uns rechts erstrecken sich Obstplantagen, biegen wir nach links ab und gehen noch kurze Zeit auf dem fußfreundlichen Wiesenweg sanft bergan. In Sichtweite liegt eine kleine Anhöhe. Noch einmal steigt der Wegverlauf an, und bald haben wir die Höhe Dümpelhardt mit 420 Metern über NN erreicht. Eine alte Ruhebank lädt dort eingebettet in eine größere Fläche von Ginsterbüschen zum Verweilen ein. Von dieser Stelle eröffnet

Der Ahrsteig bei Sierscheid

sich ein einmaliger Fernblick in alle Himmelsrichtungen. Nicht unerwähnt bleiben sollte das Gedenkkreuz, das an einen Sierscheider Bürger erinnert, der bei einem Bombenangriff am 4. November 1944 hier ums Leben kam.

Wir verlassen die Dümpelhardt und streben über eine freie Weidefläche in nordöstliche Richtung. Kaum 150 Meter weiter treffen wir auf einen Querweg. Blicken wir nach rechts, wird im Hintergrund noch einmal die Nürburg sichtbar. Wir biegen nach links in den Weg ein, gehen ein kurzes Stück bergan, bis wir den Scheitelpunkt nach einem geringen Anstieg erreicht haben.

Unser Blick nach links trifft auf den mächtigen, quadratischen Bergfried der Wensburg im Liersbachtal, der geheimnisvoll aus einem dichten Waldgebiet herausragt. Wir folgen noch wenige Meter dem Verlauf des geteerten Wirtschaftsweges. Als dieser nach links schwenkt, verlassen wir ihn und nähern uns geradeaus einer Weidefläche. Vor uns liegen nun die Berge der östlichen und südlichen Eifel. Weit rechts im Hintergrund erkennen wir noch einmal den Vulkankegel mit der Nürburg auf dem Gipfel, die bei klarem Wetter zum Greifen nahe erscheint.

Wir überqueren einen mit Split ausgestatteten, einspurigen Wirtschaftsweg, gehen den Verlauf eines Wiesenweges weiter und nähern uns einer sich nach links und rechts ausbreitenden Gebüschzeile. Eigens für den Ahrsteig wurde dort an einer Stelle eine Schneise geschlagen, durch die unser Weg einen Abhang steil nach unten führt. Um nach ca. 100 Metern vor einem Querweg einen festen Tritt zu gewähren, sind dort mit Brettern gesicherte Stufen installiert worden. Der Waldwirtschaftsweg, in den wir nun nach rechts einbiegen, verläuft ebenerdig und ist in der Mitte mit kleinen Ginstersträuchern bestückt. Rechts und links wird der Weg von Bäumen und Sträuchern gesäumt. Aber nach einer Linkswendung treten bereits im Hintergrund wieder die bewaldeten Ahrberge hervor. Eine Nadelbaumschonung lassen wir rechts

liegen und folgen weiter dem Weg. Dieser verläuft in einem Gefälle, das unsere Schritte beschleunigt. Die Blüten des mächtigen Ginsterbewuchses auf der linken Seite bieten in der entsprechenden Jahreszeit unzähligen Hummeln und Bienen Nahrung.

An einem Hochstand auf der linken Seite ändert auch unser Weg in einer scharfen Kehre nach links seine Richtung und wir gelangen auf der anderen Seite in ein Waldstück. Rechts unseres Weges fällt das Gelände steil in einen Taleinschnitt ab, der mit Mischwald bestanden ist. Schon bald liegt vor uns eine Weggabelung, deren rechter Verlauf als Fortsetzung unserer Tour ausgeschildert ist. Der Waldwirtschaftsweg führt uns nun in einen hohen Nadelwald. Obwohl einige sanfte Links-Rechts-Kurven unseren Weg formen, ändern diese auf diesem Teilstück die grundsätzliche Richtung unserer Wanderung nicht.

Wir stoßen auf einen Querweg. Ein Hinweisschild weist an dieser Stelle links zurück nach Sierscheid. Der Ahrsteig allerdings weicht nach rechts ab, um dann sogleich nach wenigen Schritten wieder diesen Weg nach links zu verlassen. An derartigen Stellen ist es sehr wichtig, auf die Hinweisbeschilderung zu achten! Jetzt beginnt für uns ein ziemlich steiler, abwärts führender Abschnitt durch einen Laubwald. Der Pfad ist schmal und nur hintereinander zu begehen. Dichtes Laub überdeckt die gesamte Fläche, sodass darauf zu ach-

ten ist, nicht von dem Weg abzukommen. Jeder Schritt muss mit Bedacht gesetzt werden. Nicht nur bei feuchter Witterung, sondern auch bei Trockenheit erweist sich das Laub unter den Füßen zeilweise als glatt.

Endlich können wir dieses nicht besonders bequeme Teilstück unserer Wanderung hinter uns lassen, und ein breiter Waldwirtschaftsweg führt uns nach links weiter. Auf der rechten Seite liegt unter uns das Liersbachtal und gegenüber erstrecken sich die Hänge, die wir schon bald auf unserer weiteren Wanderung nach Lind zu bewältigen haben. Als wir auf dem jetzt ebenerdig verlaufenden Weg rechts unter uns den kleinen Friedhof von Liers erkennen, gabelt sich der Weg und wir folgen dem rechten Verlauf. Nach wenigen Metern erreichen wir wiederum einen steilen Hang in einem Laubwald, in dem uns ein schmaler Pfad auf lockerem Untergrund und Blättern nach unten führt. Die letzten Meter des steilen Geländes werden wieder durch einige eigens für den Ahrsteig installierte Stufen begleitet, die allerdings durch ihre Höhe große Schritte erforderlich machen.

Schließlich ist das Talniveau erreicht. Rechts liegt eine freie, naturbelassene Fläche, die den Friedhofbesuchern als Parkplatz dient. Nach ca. 30 Metern kommen wir an die Kreisstraße 28. Wir folgen der Straße in Richtung Wohnbebauung des Ortes Liers und beenden dort die vierte Etappe.

EINKEHR UND ÜBERNACHTUNGEN

TOURISMUSINFORMATIONEN

**Ahrtal-Tourismus
Bad Neuenahr-Ahrweiler e. V.**
Hauptstraße 80
53474 Bad Neuenahr
Tel. 0 26 41/91 71-0
info@ahrtaltourismus.de
www.@ahrtaltourismus.de

Tourist-Information Adenau
Kirchstraße 15
Tel. 0 26 91/3 05 16
tourismusverein@adenau.de
www.hocheifel-nuerburgring.de
www.schuld-ahr.de

**EINKEHR-/ÜBERNACHTUNGSMÖGLICH-
KEITEN (E/Ü)**

Im von Sierscheid 1,5 km entfernten Ort
Harscheid lädt das Gasthaus „Zur schönen Aussicht" zur Rast ein (Tel. 0 26 95/
93 16 88, Di Ruhetag). Eine ÖPNV-Ver-
bindung gibt es nicht! S. daher: Flexible
Mobilität. Oder der Abstecher wird zu
Fuß als kurze Abweichung vom Ahrsteig
gemacht.

Hotel-Restaurant Ewerts (E/Ü)
Ahrstraße 13
53520 Insul
Tel. 0 26 95/3 80
www.hotelewerts.de
im Winter Mo/Di Ruhetage

Hotel-Restaurant Keuler (E/Ü)
Hauptstraße 32
53520 Insul/Ahr
Tel. 0 26 95/2 24
www.gasthaus-keuler.de
Mi Ruhetag

In Liers werden keine Übernachtungsmöglichkeiten und keine Gastronomie
angeboten! Es muss daher auf die Ange-
bote in Insul, Schuld oder Harscheid zurückgegriffen werden, außer:

Dorfschänke (E) zu bestimmten Zeiten
Ahrstraße 14
53506 Hönningen/Liers
Tel. 0 26 95/93 11 52
ab 17 Uhr

FLEXIBLE MOBILITÄT

Taxi Wenzel
Alte Hofstraße 20
53520 Insul
Tel. 0 26 95/2 75

Fachwerkidylle und Maternuskapelle in Sierscheid

ETAPPE 5

Von Liers über Lind nach Kreuzberg

Von Köln/Bonn/Koblenz mit der DB bis Remagen, dann RB 30 (Ahrtalbahn) bis Ahrbrück (Endstation, www.bahn.de), von dort mit Buslinie 863 oder einem Taxi bis Liers (s. Flexible Mobilität).

Nach Lind: Von Köln/Bonn/Koblenz mit der DB bis Remagen, dann RB 30 (Ahrtalbahn) bis Ahrbrück (Endstation, www.bahn.de), von dort mit einem Taxi bis Lind (s. Flexible Mobilität).

Nach Kreuzberg: Von Köln/Bonn/Koblenz mit der DB bis Remagen, dann RB 30 (Ahrtalbahn) bis Kreuzberg (www.bahn.de).

AUF EINEN BLICK

Distanz: 11,77 km
Zeit: 4:20 Stunden

Wegbeschaffenheit:
Wald- und Wiesenwege, befestigte, aber naturbelassene Waldwirtschaftswege, zum Teil Schotter kaum erwähnenswerte Asphaltierung.

Schwierigkeitsgrad: mittel
In den beiden ersten Dritteln überwiegend Anstiege auf naturbelassenem Untergrund. Nach einem kurzen Anstieg im letzten Drittel bis zum Ende der Etappe permanenter Abstieg zum Teil auf schmalem Pfad. Keine gefährlichen Teilstücke.

Koordinaten Liers
BG: 50,44972389
LG: 6,93666458
H: 234

Kreuzberg
BG: 50,50593489
LG: 6,97787672
H: 197

Anfahrt mit ÖPNV:
Nach Liers: Von Adenau mit der Buslinie 863.

Anfahrt mit PKW:
Nach Liers: Von Köln/Bonn über die A 555/A 565 bis Meckenheimer Kreuz, dort weiter über die B 257 durch das Ahrtal bis Liers.
Von Koblenz über die A 61 bis Bad Neuenahr, weiter über die B 267 bis Liers.
Von Blankenheim über die B 258 bis Müsch, dort links auf die L 73 bis Dümpelfeld, dann links auf die B 257 bis Liers.
Nach Lind: Von Köln/Bonn über die A 555/A 265 bis Meckenheim, von dort über die B 257 bis Ahrbrück; im Ort rechts abbiegen auf die K 29 und 4 km bis Lind fahren.
Nach Kreuzberg: Von Köln/Bonn über die A 555/A 565 bis Bad Neuenahr, dann weiter über die B 257 und B 267 bis Kreuzberg.
Von Koblenz über die A 61 bis Bad Neuenahr und weiter wie oben.
Von Blankenheim über die B 258, L 73 und B 257 bis Kreuzberg.

Parkmöglichkeiten:
In Liers, Ortseingang, hinter der Ahrbrücke rechts am Feuerwehrgerätehaus
In Lind, innerorts; vor dem Friedhof; am sogenannten Hochkreuz
In Kreuzberg, vor dem Bahnhof Kreuzberg

INTERESSANT AM WEGESRAND

Nur wenige Kilometer von Lind entfernt und von der Linder Höhe zum Greifen nahe liegt das Radioteleskop Effelsberg. Wer technisch interessiert ist, sollte die Gelegenheit nutzen, von Lind einen Abstecher zu machen. Mit einem Durchmesser von hundert Metern ist es das weltweit zweitgrößte bewegliche Teleskop seiner Art. Es dient als Hauptbeobachtungsinstrument des Max-Planck-Instituts für Radioastronomie. Das Gesamtgewicht des beweglichen Teils des am 1. August 1972 in Betrieb genommenen Teleskops beträgt 3.200 Tonnen, die Fläche weist knapp 8.000 Quadratmeter auf. Der Antrieb zur Positionsänderung erfolgt mit 16 Motoren à zehn Kilowatt, sodass die Drehung um neunzig Grad vertikal innerhalb von fünf Minuten vollzogen werden kann. Die Lage in einer Talsenke wurde gewählt, um Störungen durch Radiowellen und Radarstrahlung der Flugsicherung zu vermeiden. Auch moderne Autoelektronik kann zu Irritationen führen, sodass der Parkplatz für Besucher 800 Meter weit entfernt liegt. Es versteht sich also von selbst, dass auch Mobiltelefone auszuschalten sind. Von Lind ist der kurze Weg über Plittersdorf gut ausgeschildert.

Wer die Zeit und das Interesse hat, die Wanderung auf dem Ahrsteig zu unterbrechen, sollte einen Abstecher nach Kirchsahr unternehmen. Die kleine katholische Pfarrkirche St. Martin aus dem Jahr 1729 überragt den Ort und beherbergt ein bedeutendes Einzelkunstwerk der Eifel. Es handelt sich um ein gemaltes Holztriptychon der Kölner Schule, das einst von Münstereifel hierher gelangte, als man sich dort vom gotischen Stil trennte, um für die „modernen" barocken Linien Platz zu schaffen. Das schwarze Brett am Eingang enthält einen Hinweis zur Besichtigung. Mit der Buslinie 818 gelangt man von Lind nach Kirchsahr, mit dem PKW über die K 29, L 76 und L 77. Auf halber Höhe der markanten Biebelsley in einem Ahrbogen gegenüber von Pützfeld ragt die kleine Wallfahrtskirche

St. Maria mit prunkvoller, frühbarocker Innenausstattung empor. Erbaut wurde sie im Jahre 1680. Seit 1717 wurde sie Ziel von Marienwallfahrten. Mit ihrer hellen Farbe und dem schlanken, spitzen Turm hebt sie sich weithin sichtbar aus dem Grün der Bäume und den Felsen ab. Von Kreuzberg aus ist sie über den Ahrtalweg oder über die B 257 zu erreichen. Weithin sichtbar ist die Burg Kreuzberg, das Wahrzeichen des gleichnamigen Ortes, in dem sich der Sahrbach und der Vischelsbach zur Ahr gesellen. Die auf einem Felskegel thronende Burg hat ihre Anfänge im Jahr 1340. Sie diente den Kölner Erzbischöfen einst als Wehranlage zur Sicherung ihrer Besitztümer im Ahrtal. Dieses ursprünglich größere Bauwerk wurde allerdings 1686 erobert und zerstört. Erst 1760 entstand die gegenwärtige kleinere Anlage unter Einbeziehung des verbliebenen gotischen Bergfrieds. Auch wenn sich die noch heute bewohnte Burg in Privatbesitz befindet und eine Besichtigung nicht möglich ist, lohnt sich der kurze Aufstieg von der Rückseite. Links neben dem Burgtor liegt die im Jahre 1783 erbaute Kapelle St. Antonius Eremit mit unversehrtem Interieur aus der Erbauungszeit. Kreuzberg wird von Altenburg oder Altenahr mit der Buslinie 818 erreicht.

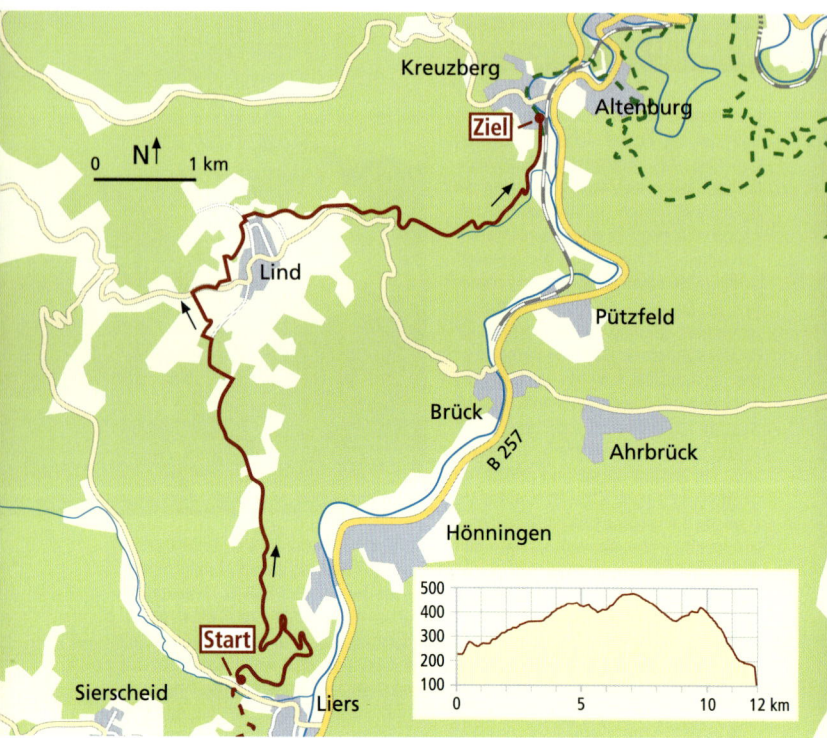

Durch dichte Wälder, über weite Wiesen auf die Höhen und zurück ins Tal

Die fünfte Etappe ist die letzte des mit blauem Logo gekennzeichneten Ahrsteigs. Sie bringt uns vom Talniveau bei Liers zunächst über eine landschaftlich abwechslungsreiche Strecke zum Eifelhöhenort Lind, um dann schließlich wieder in Kreuzberg die Ahr zu erreichen.

Wir lassen den Ort Liers hinter uns und gehen ebenerdig wenige hundert Meter am Rand der Kreisstraße 28 in das Liersbachtal. Bald wird vor uns links wieder der kleine Friedhof sichtbar, an dessen Rand wir bei der vierten Etappe aus dem Wald traten und diese dort beendeten. Nur ca. hundert Meter weiter zwischen zwei Weideflächen streben wir nun nach rechts auf eine Ruhebank zu. Uns fällt sogleich eine Schneise in dem Hang auf, die aus dem dichten Strauchbewuchs heraus geschlagen wurde. Jetzt geht es wieder einmal sehr stark bergan. In den steilen unwegsamen Untergrund wurde ein schmaler Pfad, befestigt mit durch Bretter verstärkte Stufen, in Serpentinenverlauf zur besseren Bewältigung des Hangs geschlagen, ohne den das hier vor uns liegende Stück nur schwer zu passieren wäre.

Der Anstieg wird schließlich durch einen breiteren, ebenerdigen Waldwirtschaftsweg unterbrochen, dem wir nach rechts folgen. Bei einem Blick nach rechts in das Tal, soweit es der dichte Baumbewuchs erlaubt, wird deutlich, dass wir bereits ein gewaltiges Stück an Höhe gewonnen haben. Schließlich gilt es heute, zwischen Liers und Lind einen Höhenunterschied von 244 Metern zu bewältigen.

Wir setzen unsere Wanderung in östlicher Richtung fort und in einem Linksschwenk des Weges verabschiedet sich der Ort Liers rechts unter uns. Offenbar bietet der mit Moos und Gras bewachsene Weg reichlich Nahrung für Schwarzwild, worauf die zahlreichen Aufbrüche hinweisen.

Geringfügige Richtungsänderungen im Wegverlauf bringen uns nicht von der angestrebten Richtung ab. An einer Gabelung führt uns unsere Hinweisbeschilderung nach links einen steilen Grasweg hinauf, der rechts und links von Sträuchern und Wildkirschbäumen eingegrenzt wird. Nach einer Linksschwenkung wird unser Weg von einem breiten, befestigten, aber naturbelassenen Wirtschaftsweg tangiert. Diesem folgen wir in einem sanften Anstieg, bis sich der beidseitige Bewuchs reduziert. In einigen Rechts-Links-Änderungen gewinnen wir weiter an Höhe und erreichen schließlich weitläufiges Wiesen- und Ackerland. Die Sicht öffnet sich nun nach Nordost und Südwest auf die Ahrberge, weiter entfernt begrenzen die Eifelberge den Horizont. Im Südwesten erheben sich zwei Sendemasten in der Nähe der Dümpelhardt, die Teilziel der vierten Etappe war.

Die kräftig leuchtenden Früchte der Eberesche

Auf unserem weiteren Verlauf des Ahrsteigs gewinnen wir durch sanften Anstieg wieder etwas an Höhe und blicken schließlich nach rechts auf den Ort Hönningen unten im Ahrtal. Eine Abwechslung erfolgt nun wieder dadurch, dass der Randbewuchs des Weges dichter wird. Der eingeschränkte Fernblick lässt allerdings an Attraktivität des Weges nichts einbüßen. Immer wieder wechseln Wiesen- und Weideflächen mit Baum- und Strauchbewuchs. Nach einer scharfen Rechtskehre wird der weiter ansteigende Weg jetzt bis zum Ziel in grober Richtung nach Norden verlaufen. Beidseitig begrenzen Schlehenbüsche und Wildkirschen den Weg, die zu dieser Jahreszeit in voller Blüte stehen. Auch der Blick über die Eifelberge zeigt überall dieses eingeflochtene Weiß der Natur zwischen den zarten, unterschiedlichen Grüntönen der erwachenden Frühjahrsvegetation. Bald wird das kräftige Goldgelb des Ginsters die Frühlingsfarben ablösen. Der Ahrsteig hat also zu jeder Jahreszeit seine Reize und immer wieder neu zu entdeckende Gesichter und Facetten.

Die ursprüngliche Wegbeschaffenheit ist weiterhin vorherrschend. Der häufig Schatten spendende Baumbewuchs an den Seiten unseres Weges ist an heißen Tagen gerne willkommen, während niedrige Acker- und Wiesenflächen wiederum interessante Fernblicke ermöglichen. Ganz gleich, was die Natur zu bieten hat, sie vermittelt uns immer wieder positive Aspekte.

Nach dem Passieren eines Nadelwaldes, der sich auf der rechten Seite erstreckt, scheinen wir die Steigungen erst einmal hinter uns gebracht zu haben und erreichen einen naturbelassenen, aber befestigten Wirtschaftsweg, dem wir gemäß unserer Hinweisbeschilderung folgen.

Vor uns liegt eine größere, bewaldete Anhöhe. Die Wanderkarte verrät uns, dass sie die Bezeichnung „Auf zwölf Uhr" trägt. Der erholsame Wegeverlauf mit ebenerdigen beziehungsweise abfallenden Formen wandelt sich nun wieder. Die Anhöhe lassen wir rechts liegen und passieren sie auf ansteigendem Weg. Karger Boden bietet dem Ginster gute Voraussetzungen.

An einer Weggabelung führt uns der Hinweis von dem Hauptweg ab auf einen ansteigenden, mit Gras bewachsenen Wirtschaftsweg. Auch hier rückt der Ginsterbestand dicht an den Rand des Weges, der sich nach ca. 150 Metern nach links zu einer großen Wiesenfläche hin öffnet. Nun bietet es sich an, wieder einmal einen Blick zurückzuwerfen. Zwischen zwei Anhöhen ist erneut die Nürburg am Horizont zu erkennen.

Die zahlreichen Hochstände entlang unseres Weges zeigen einmal mehr, dass das Wildaufkommen hier oben über dem Ahrtal in der ruhigen Natur immens groß sein muss.

Nach einer weiteren Steigungsstrecke laufen wir auf einen Nadelwaldhain zu und passieren diesen auf der linken Seite. Wieder etwas an Höhe gewonnen, lohnt es sich, nochmals zu verweilen und einen Blick zurückzuwerfen. Jetzt hat sich auch die Hohe Acht mit ihren 474 Metern links die Nürburg hinzugesellt.

Wenige Meter nach der Einmündung auf einen Wirtschaftsweg eröffnet sich uns ein uneingeschränkter Weitblick nach rechts über eine weitläufige Weidefläche. Ebenerdig auf einem naturbelassenen, festen Weg nähern wir uns einem Buchenwald, aus dem die typischen Geräusche des Wohnungsbaus eines Spechtes herüberschallen. Wenig später erreichen wir mitten in einem Tannenwald eine Kreuzung. Auf der linken Seite an einem Baum wird mit einer „Ave-Maria-Tafel" an die Gottesmutter erinnert. Mehrere Wege verlaufen von hier in unterschiedliche Richtungen. Der Ahrsteig führt jetzt einen steilen Waldabhang von ca. 150 Metern Länge hinab, bis er auf einen ebenerdigen, einspurigen Wirtschaftsweg mündet. Diesem folgen wir nach rechts. Das

Mariengrotte neben der Kirche in Lind

ansteigende, bewaldete Hanggelände rechts begleitet uns weiter, während sich links Weideflächen mit Strauchparzellen abwechseln. Dort, wo der bisher überwiegend ebenerdig verlaufende Weg wieder merklich ansteigt, müssen wir nach links auf einen Weg zwischen zwei Weideflächen einbiegen. Kurzfristig wird links im Hintergrund noch einmal der massive Turm der Wenzburg im Liersbachtal sichtbar.

Der Weg in dem vor uns liegenden Waldstück verläuft zuerst in einem starken Gefälle, um dann wieder abwechselnd anzusteigen. Der teilweise nach Wetterlage aufgeweichte Untergrund mahnt zur Vorsicht. Sobald sich der Wald wieder lichtet und auf der linken Seite Wiesen mit einem schmalen Bachlauf sichtbar werden, muss erneut besonders auf die Hinweisbeschilderung des Ahrsteigs geachtet werden. Denn der letzte Abschnitt des Weges führt neben Wiesen und Weiden entlang. Unser Zwischenziel, der Höhenort Lind, ist zum Greifen nahe, wegen der topografischen Lage allerdings noch nicht sichtbar. Wir verlassen unserer Wegweisung folgend jetzt den Wirtschaftsweg und biegen nach links auf einen Wiesenweg ab, dessen Verlauf uns nach ca. 100 Metern wieder nach rechts führt. Auf der linken Seite erhebt sich ein mächtiger Wiesenhang, dessen Ende und Scheitelpunkt wir nicht absehen können. Der angenehme Untergrund ohne Geröll entschädigt für den schweißtreibenden, steilen Endspurt. Schließlich ist es geschafft. Jetzt erscheinen auf der rechten Seite die ersten Häuser von Lind.

Parallel zur Kreisstraße 29 nähern wir uns dem Ort. Auf der gegenüberliegenden Straßenseite erwartet uns die sogenannte Linder Höhe, von der wir eine hervorragende Aussicht bis tief in die Eifel und im Osten bis zum Westerwald

haben. Auch das weiße Radom bei Wachtberg-Berkum liegt wie ein riesiger Golfball in der Landschaft und wird uns später noch mehrmals begegnen. Der Turm des Krausbergs bei Dernau ragt wie ein mahnender Finger aus der Landschaft. Die Hohe Acht und die Nürburg grüßen aus südöstlicher Richtung. Nach Osten hin liegen das Ahrtal und das Kesselinger Tal. Das Radioteleskop von Effelsberg erscheint im Nordwesten aus einem dichten Waldgebiet.

Nach diesen Eindrücken begeben wir uns auf den Weg zurück in das Ahrtal und lassen, geleitet von der hervorragenden Ausschilderung unserer Strecke, Lind hinter uns. Vom Parkplatz Linder Höhe nehmen wir einen Feldweg in östliche Richtung. Büsche auf der rechten Seite verdecken die Häuser des Ortes. Nach ca. 100 Metern überqueren wir eine geteerte Dorfstraße und setzen unseren Weg auf der anderen Seite auf einem ausgewaschenen und daher steinigen Feldweg mit leichtem Gefälle fort. Blühender Besenginster säumt rechts und links den Weg und an einigen Stellen eröffnet sich noch einmal ein Fernblick bis zu den Höhen auf der anderen Seite des Rheins. Schließlich tangieren wir kurz die Kreisstraße 29, die in zahlreichen Serpentinen und Spitzkehren hinab ins Ahrtal nach Brück führt und deshalb im Sommer bei Motorradfahrern eine beliebte Strecke darstellt.

Zwischen Weideflächen und einem sanften Anstieg nähern wir uns einem Waldgebiet auf einer Anhöhe links vor uns. Bevor wir uns an einer Abzweigung nach rechts in diesen Wald begeben, blicken wir noch einmal zurück zu unserem Ausgangspunkt Lind, der durch eine Senke von uns getrennt auf einer Anhöhe liegt und zur Sommerzeit von bunten Wiesen und Weiden umgeben wird.

Blick auf Lind von Osten

Laubwald empfängt uns auf dem nächsten Stück und in sanfter Steigung auf bequemen, weichen Untergrund setzen wir unseren Weg fort. Nach einem lang gezogenen, fast ebenerdigen Rechtsverlauf steigt dann unser Weg langsam wieder an. Im Scheitel der folgenden Linkskurve werden wir dann von dem Verlauf unseres Weges nach links geleitet. Es geht ziemlich steil bergan. Wenn wir auf eine Haarnadelkurve treffen, nehmen wir den rechten Strang und folgen ihm weiter abwärts. Der Untergrund ist an dieser Stelle steinig, allerdings auch mit Laub bedeckt und etwas rutschig, weil hier kaum Sonnenlicht den Boden erreicht. Auf der rechten Seite erstreckt sich ein tiefer Taleinschnitt, in dem ein kleiner Bach verläuft. Allmählich wandelt sich der Weg in eine Grasfläche und wird bald ebenerdig.

Ein Hinweis leitet uns an dieser Stelle nach rechts auf einen schmalen, Pfad, der dann kontinuierlich abwärts verläuft und sich von dem vorherigen Weg entfernt. Auf der rechten Seite reicht ein Abhang in das Tal hinab, während links das Gelände steil ansteigt. Stellenweise treten zwischen den Bäumen Felsen zutage. Nach Erreichen einer scharfen Rechtskurve dringt Verkehrslärm herüber, ein Zeichen dafür, dass wir uns dem Talbereich der Ahr bei Kreuzberg langsam nähern.

Vor uns stoßen wir auf einen Querweg, auf den wir nach links einbiegen, um gleich nach ca. 50 Metern erneut nach links einem naturbelassenen, ebenerdigen Fahrweg zu folgen. Mit Beginn der Wohnbebauung wandelt sich der Untergrund in einen festen, geteerten Belag. Die ersten Häuser von Kreuzberg sind erreicht. Vor uns in Sichtweite liegt bereits auf der rechten Seite der kleine Bahnhof des Ortes – das Ende dieser Etappe und gleichzeitig auch des blauen Abschnitts des Ahrsteigs.

EINKEHR UND ÜBERNACHTUNGEN

TOURISMUSINFORMATIONEN

Ahrtal-Tourismus
Bad Neuenahr-Ahrweiler e. V.
Hauptstraße 80
53474 Bad Neuenahr
Tel. 0 26 41/91 71-0
info@ahrtaltourismus.de
www.@ahrtaltourismus.de

Touristinformation Altenahr
Altenburger Straße 1a
53505 Altenahr
Tel. 0 26 43/84 48
info@altenahr-ahr.de
www.altenahr-ahr.de

EINKEHR-/ÜBERNACHTUNGSMÖGLICH- KEITEN (E/Ü)

LIND

Landgasthof Linderhöhe (E/Ü)
Kapellenweg 1
53506 Lind
Tel. 0 26 43/94 19 56
landgasthof-linderhoehe@web.de
www.landgasthof-linderhoehe.de
November bis Ende März Mo/Di Ruhetage, April bis Ende Oktober Di Ruhetag

Eifelpension Schmitt (Ü)
Rosenstraße 12
53506 Lind
Tel. 0 26 43/61 44
Eifelpsension-Schmitt-Lind@t-online.de

Pension Hengsberg (Ü)
Im Büchelsgarten 5
53506 Lind
Tel. 0 26 43/63 81
ferien-hengsberg@web.de
www.ferien-hengsberg.de

KREUZBERG

Landgasthof Weihs (E/Ü)
Bahnhofstraße 36
53505 Kreuzberg
Tel. 0 26 43/84 03
landgasthofweihs@t-online.de
www.landgasthofweihs.de

Restaurant/Gästehaus „Im Wurstkessel"
(E/Ü)
Bahnhofstraße 2
53505 Kreuzberg
Tel. 0 26 43/83 27
info@wurstkessel.de
www.wurstkessel.de
Di Ruhetag

CAMPING- UND WOHNWAGENPLÄTZE

Campingplatz Gut Pützfeld (C/W)
An der B 257
53506 Ahrbrück-Pützfeld
Tel. 0 26 43/63 35 und 0178/6 81 18 26

Viktoria Station (C/W)
Campingplatz Altenahr-Kreuzberg
53505 Altenahr-Kreuzberg/Ahr
Tel. 0 26 43/83 38
mail@viktoria-station.de
www.viktoria-station.de

FLEXIBLE MOBILITÄT

Taxi Seul
Altenburgerstraße 1a
53505 Altenahr
Tel. 0 26 43/66 66

Umgeben von Bergen und Wäldern – Kreuzberg

DIE AHRSTEIG-VER-BINDUNGS-WEGE

Wie anfangs bereits erwähnt, werden der blaue und der rote Teil des Ahrsteigs durch offizielle Routen der Ahrsteigplaner miteinander verbunden. Bereits seit Jahrzehnten sind diese Strecken bei den Wanderern anerkannt und beliebt. Die Streckenführungen der beiden Verbindungswege sind entsprechend auf den Ahrsteig bezogen gekennzeichnet.

AHRSTEIG-VERBINDUNGS-WEG

Hoch über Mayschoß thront die Saffenburg

AUF EINEN BLICK

Distanz: 14,78 km
Zeit: ca. 7:00 Stunden

Wegbeschaffenheit: Wald-, Wiesenwege, steinige Pfade, Felsenbereiche.

Schwierigkeitsgrad: leicht/mittel/schwer
Dieser Weg enthält alle Schwierigkeitsgrade. Steile An- und Abstiege, zum Teil auf schmalen Pfaden, Felsbereiche; Kondition erforderlich.

Anfahrt mit ÖPNV:
Von Köln/Bonn/Koblenz mit der DB bis Remagen, dann mit RB 30 (Ahrtalbahn) bis Dernau, Rech, Mayschoß (www.bahn.de).

Die Buslinie 841 verkehrt zwischen Altenahr und Remagen Kripp Fähre und weicht von den Stationen der Ahrtalbahn ab, um jeweils innerörtliche Haltestellen anzufahren (VRM-Hotline 0 180 5/98 69 86 [14 Cent/Minute aus dem deutschen Festnetz], www.vrminfo.de).

Anfahrt mit dem PKW:
Von Köln/Bonn über die A 555/A 565 bis Meckenheimer Kreuz, dann über die A 61 bis Bad Neuenahr, von dort über die B 267 bis Dernau, Rech, Mayschoß.
Von Koblenz über die A 61 bis Bad Neuenahr und weiter wie oben.

Parkmöglichkeiten:
In Dernau, entlang der B 267 und Nähe Bahnhof
In Rech, nach Passieren der Nepomukbrücke links, dann erste Straße (Burgwiese) rechts
In Mayschoß, Nähe Bahnhof
In Marienthal, vor dem Kloster

INTERESSANT AM WEGESRAND

Saffenburg
Bereits 1074 wird ein Adalbert de Saffenburg urkundlich erwähnt, sodass die gleichnamige Burg oberhalb von Mayschoß als eine der ältesten Befestigungsanlagen an der Ahr angenommen werden

kann. In schwindelnder Höhe überragt sie das Ahrtal nur wenige Meter vom Verlauf des Ahrtalwegs entfernt. Im Dreißigjährigen Krieg wurde die Anlage heftig umkämpft, und um weitere Nutzung durch Feinde in der Folgezeit zu verhindern, wurde das starke Gemäuer im Jahre 1704 gesprengt und als Steinbruch genutzt. Der Ausblick von diesem Felsen und den wenigen Resten der einstigen Burganlage auf die darunter liegende Wildheit der schroffen Landschaft ist allerdings beeindruckend. Das Land Rheinland-Pfalz, der Ahrkreis und die Gemeinde Mayschoß haben mit hohem Kostenaufwand durch entsprechende Bau- und Sicherungsmaßnahmen dem weiteren Verfall der Saffenburg Einhalt geboten und sie einer niveauvollen touristischen Nutzung zugeführt.

Weinort Rech
Der kleine Ort mit dem einzigen Zugang über eine alte einspurige Steinbrücke wurde bereits im Jahr 1140 urkundlich erwähnt, als dort dem Kloster Marienthal ein Gut zugewiesen wurde. Stets Mitte September findet hier an einem Sonntag das traditionelle Weinfest mit Festumzug statt. Die Nähe zum Wein zeigt sich auch in der vom Eifelverein veranstalteten Glühweinwanderung jeweils am ersten Wochenende im Dezember.
Im Mittelalter war Rech ein bedeutender Wallfahrtsort, in dem die heilige Luzia verehrt wurde. Auch heute noch wird am zweiten Wochenende im Dezember mit dem Luzia-Markt daran erinnert. (Anreise am besten mit der Ahrtalbahn, weil die geringe Anzahl an Parkplätzen schnell vergeben ist.)

In der Nähe des Springkrauts ist auch immer Wasser.

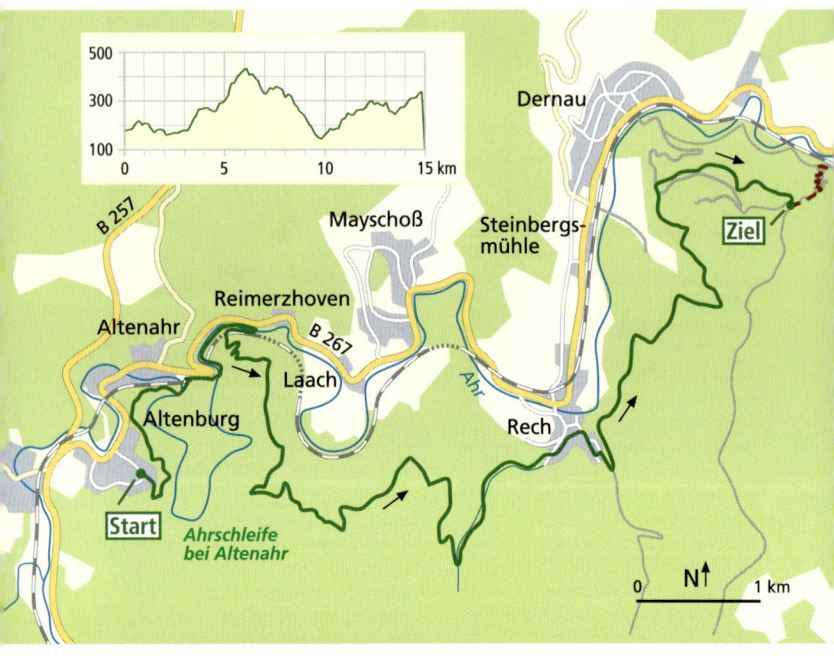

Von Altenburg über Rech nach Walporzheim

Der Ahrsteig-Verbindungsweg 1 beginnt in Altenburg. Nach dem kurzen Anstieg neben dem Schulzentrum ist auf den Querweg nach links abzubiegen; es folgt erneut ein kurzer, steiler Anstieg. Dort, wo der Verlauf ebenerdig wird, zweigen mehrere Wege in unterschiedliche Richtungen ab, unter anderem auch zum Schrock und hinab zurück an die Ahr in das Langfigtal.

Auf schmalem Pfad, der an dieser Stelle kaum erkennbar neben einer Ruhebank nach links in den Wald eintaucht, erreichen wir nach einer interessanten alpin anmutenden Wanderung das Teufelsloch. Nach dem Durchqueren des Altenahrer Straßentunnels liegt wieder die Ahr vor uns, der wir bis kurz vor Reimerzhoven folgen. Dort geht es auf schmalem Serpentinenpfad auf die Krähardt und vorbei an der Teufelsley zum Schrock hinauf.

Die Hinweisbeschilderung führt am Weinort Rech vorüber und später auf den Krausbergrundweg. Von dort ist es nicht mehr weit, bis unser Weg in der Nähe des Kreisstadtblicks oberhalb des Serpentinenabstiegs auf den Ahrsteig-Verbindungsweg 2 trifft.

EINKEHR UND ÜBERNACHTUNG

TOURISMUSINFORMATIONEN

Ahrtal-Tourismus
Bad Neuenahr-Ahrweiler e. V.
Hauptstraße 80
53474 Bad Neuenahr
Tel. 0 26 41/91 71-0
info@ahrtaltourismus.de
www.@ahrtaltourismus.de

Touristinformation Mayschoß
An der Rotweinstraße 42
53508 Mayschoß
Tel. 0 26 43/83 08
info@mayschoss.de
www.mayschoss.de

EINKEHR-/ÜBERNACHTUNGSMÖGLICH-KEITEN (E/Ü)

MAYSCHOSS

Bahnsteig 1 (E)
Ahr-Rotweinstraße 47
53508 Mayschoß
Tel. 0 26 43/94 11 66
bahnsteig1@t-online.de
www.bahnsteig1.de
Mo Ruhetag

Winzergenossenschaft
Mayschoß-Altenahr eG. (E)
Ahrrotweinstraße 42
53508 Mayschoß/Ahr
Tel. 0 26 43/93 60-0
info@wg-mayschoss.de
www.wg-mayschoss.de

RECH

Hof „Bärenbach" (E/Ü)
Bärenbachstraße 15
53506 Rech
Tel. 0 26 43/20 72
hof-baerenbach@googlemail.com
www.hof-baerenbach.de
Mai/Juni Fr–So/Di und Feiertage,
ab 1. August Sa/So geöffnet

Jagdhaus Rech (E/Ü)
Bärenbachstraße 35
53506 Rech
Tel. 0 26 43/84 84
info@jagdhaus-rech.de
www.jagdhaus-rech.de
Ende November bis Ostern Mo Ruhetag

DERNAU

Hofgarten Gutsschänke Meyer-Näkel (E)
Bachstraße 26
53507 Dernau
Tel. 0 26 43/15 40
info@hofgarten-dernau.de
www.hofgarten-dernau.de

Krausberghütte (E)
Wanderheim des Eifelvereins, Dernau
Sonn- und feiertags geöffnet und wenn
die Eifelvereinsfahne auf dem Kraus-
bergturm weht.
Infos: www.eifelverein-dernau.de oder
Hauptverein, Tel. 0 24 21/1 31 21

Weingut Erwin Riske (E/Ü)
Wingertstraße 26 – 28
53507 Dernau
Tel. 0 26 43/84 06
Weingut-Riske@t-online.de
www.Weingut-Riske.de
Mai/Juni/September/Oktober bis Mitte
November Straußwirtschaft (E)

Das Bahnhofsgebäude von Mayschoß ist heute eine Gaststätte.

EINKEHR UND MEHR ...

Gästehaus „Im Burggarten" (Ü)
Burgstraße 12
53507 Dernau
Tel. 0 26 43/79 84
www.Kreuzberg-Burggarten.de

Winzer G. Hansen (Ü)
Im Trensenhaus 1
53507 Dernau
Tel. 0 26 43/90 02 53
service@weingut-dernau.de
www.hansen-dernau.de

„Winzer-Lounge" (Ü)
Schmittmannstraße 28
53507 Dernau
Tel. 0 26 43/90 09 94
www.gaestezimmer-dernau.de

MARIENTHAL

Weingut Kloster Marienthal (E)
(direkt am RWW)
Klosterstraße 3 – 5
53507 Marienthal
Tel. 0 26 41/98 06-0
mail@weingut-kloster-marienthal.de
www.weingut-kloster-marienthal.de

WALPORZHEIM

Weinhaus „Zur bunten Kuh" (E)
Marienthaler Straße 60
53474 Bad Neuenahr-Walporzheim
Tel. 0 26 41/3 46 06
weinhaus-bunte-kuh@t-online.de
www.weinhaus-bunte-kuh.de
Mo Ruhetag

Försters Wein-Terrassen (E/Ü)
(direkt am RWW)
Im Teufenbach 65
53474 Bad Neuenahr-Walporzheim
Tel. 0 26 41/2 07 93 15
fewo@foersterhof.de
www.foersterhof.de

Altenwegshof (E)
(direkt am RWW)
Im Teufenbach 100
53474 Bad Neuenahr-Ahrweiler
Tel. 0 26 41/3 47 53
altenwegshof@t-online.de
www.altenwegshof.de
Di Ruhetag

CAMPING-/WOHNMOBILSTELLPLÄTZE

Campingplatz zur Burgwiese (C/W)
53508 Mayschoß-Ahr
Tel. 0 26 43/76 52

Campingplatz Bärenbach (C/W)
Bärenbachstraße 23
53506 Rech
Tel. 0 26 43/84 84

FLEXIBLE MOBILITÄT

Are-Taxi
Hauptstraße 69 – 71
53474 Bad Neuenahr
Tel. 0 26 41/23 33

Taxi Becker
Ringener Straße 44
53474 Bad Neuenahr
Tel. 0 26 41/91 21 91

Taxi Nuri
Hauptstraße 60
53474 Bad Neuenahr
Tel. 0 26 41/44 66

Der Pfad zum Teufelsloch ist schmal.

AHRSTEIG-VERBINDUNGS-WEG

Blick vom Ahrsteig auf Ahrweiler

INTERESSANT AM WEGESRAND

Burg Are

Um 1100 wurde die Burg Are von den Grafen aus dem gleichnamigen Adelsgeschlecht erbaut und 1246 dem Kölner Erzbischof geschenkt. Das ausbruchsichere Verließ, der sogenannte Felsenkeller, war weithin als gefürchtetes Gefängnis bekannt. Im 14. und 15. Jahrhundert erfolgten großzügige Um- und Ausbauten der Anlage. Während des Pfälzischen Erbfolgekrieges 1689/90 wurde die Burg, die 113 Meter über der Ahr thront, neun Monate belagert, schließlich eingenommen und Altenahr in Schutt und Asche gelegt. Nachdem Kölner Einheiten 1714 die Burg zerstört hatten, diente sie als Steinbruch.

Die Ruine ist in wenigen Minuten über einen Fußweg zu erreichen. Von hier bietet sich eine atemberaubende Aussicht auf die Ahrlandschaft mit ihren schroffen Schieferfelsen und den fast senkrechten Schluchten. Gegenüber erkennt man die markanten Punkte Teufelsloch und Schwarzes Kreuz, beide am Ahrsteig gelegen.

Die Engelsley und der Straßentunnel

Das mächtige Felsmassiv der Engelsley erwies sich schon immer als besondere Barriere und trennte die Bewohner von Altenahr von den Menschen, die ahrabwärts lebten. Nur durch die Überquerung der Ahr oder mühselige Wanderungen über die Berge konnte eine Verbindung aufrecht erhalten werden. Am 19. November 1833 gelang nach harter Arbeit der Durchbruch der Engelsley. Kronprinz Friedrich-Wilhelm ließ es sich nicht nehmen, als Erster diese Öffnung zu durchschreiten.

Schon ein Jahr später entstand hier der erste Straßentunnel Preußens. Die ungehinderte Verbindung lockte nun immer mehr Menschen in das romantische Tal. Als dann 1884 neben der Straßenverbindung auch noch der Zugverkehr aufgenommen wurde, war Altenahr bereits ein beliebtes Ausflugsziel geworden.

AUF EINEN BLICK

Distanz: 17,36 km
Zeit: 6:30 Stunden

Wegbeschaffenheit: Wald-, Wiesenwege, steinige Pfade, Felsenbereiche.

Schwierigkeitsgrad: leicht/mittel/schwer
Dieser Weg enthält alle Schwierigkeitsgrade. Steile An- und Abstiege, schmale Pfade, Felsbereiche; Kondition erforderlich.

Anfahrt mit ÖPNV:
Von Köln/Bonn/Koblenz mit der DB bis Remagen, dann mit RB 30 (Ahrtalbahn) bis Altenahr (www.bahn.de), von dort weiter mit der Buslinie 841 oder mit einem Taxi nach Altenburg (s. Flexible Mobilität).

Die Buslinie 841 verkehrt zwischen Altenahr und Remagen Kripp Fähre und weicht von den Stationen der Ahrtalbahn ab, um innerorts verschiedene Haltestellen anzufahren (VRM-Hotline 0 180 5/ 98 69 86 [14 Cent/Minute aus dem deutschen Festnetz], www.rvminfo.de).

Anfahrt mit dem PKW:
Von Köln/Bonn über A 555/A 565 bis Meckenheimer Kreuz, dann über die A 61 bis Bad Neuenahr, von dort über die B 267 bis Altenahr, Altenburg.

Parkmöglichkeiten:
In Altenahr, Parkplatz an der Talstation der ehemaligen Seilbahn
In Altenburg, innerorts

Die mächtige Engelsley bei Altenahr – wie aus einem Guss

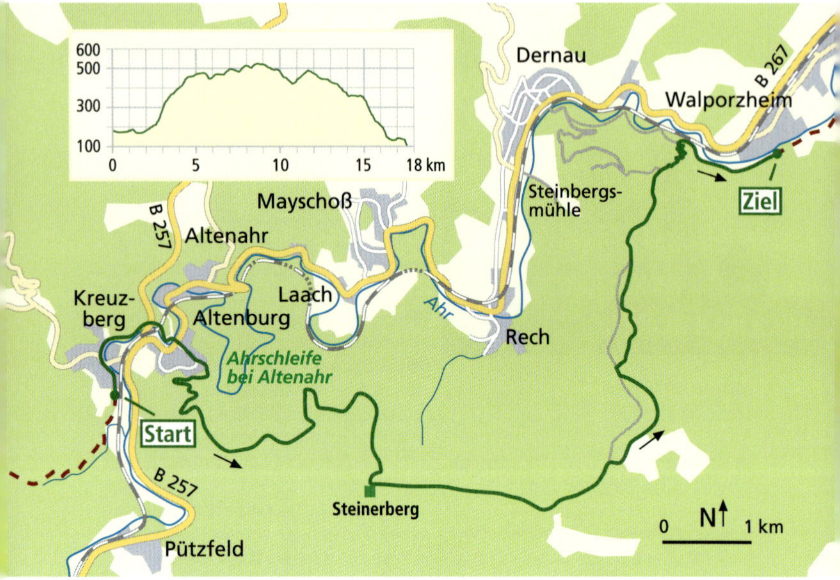
600
500
300
100
0
5
10
15
18 km
Dernau
B 267
Walporzheim
Steinbergs-
mühle
Ziel
Mayschoß
B 257
Altenahr
Kreuz-
berg
Laach
Altenburg
Ahr
Rech
Ahrschleife
bei Altenahr
Start
B 257
Steinerberg
0
N
1 km
Pützfeld

Von Altenburg über Steinerberg nach Walporzheim

An gleicher Stelle wie der Ahrsteig-Verbindungsweg 1 beginnt in Altenburg der Ahrsteig-Verbindungsweg 2. Neben dem Schulzentrum führt ein kurzer, aber steiler Waldpfad auf einen breiteren, etwas abwärts weisenden Querweg, in den nach rechts eingebogen werden muss. Wenig später ist er nach links zu verlassen, um auf einem steil ansteigenden Bergpfad den Hornberg zu erreichen. Von dort geht es weiter über den Steinerberg, dem mit 530,6 Metern höchsten Berg an der Mittelahr. Die Weiterführung erfolgt in Richtung Osten über Nollsnück, am Hasenkreuz ist nach Norden einzuschwenken, um dann vorbei an Dernauer Platz, Alfred Paetz-Platz, Alfred-Dahm-Hütte und Kreisstadtblick den Serpentinenweg hinunter an die Ahr zu gelangen. Dort ist auf den Ahrtalweg nach rechts einzubiegen. Nach dem Passieren der senkrechten Wand der Katzenley geht es ebenerdig entlang der Ahr auf der rechten Uferseite bis zu der nahe gelegenen Josefbrücke in Walporzheim, dem Anknüpfungspunkt zum Ahrsteig, der uns fortan mit einem roten Logo begleiten wird.

Sagenumwobene „Bunte Kuh“ bei Walporzheim

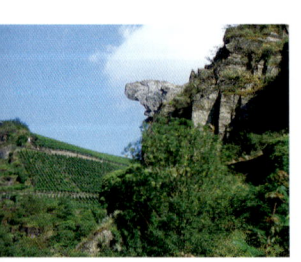

EINKEHR UND ÜBERNACHTUNG

TOURISMUSINFORMATIONEN

Ahrtal-Tourismus
Bad Neuenahr-Ahrweiler e. V.
Hauptstraße 80
53474 Bad Neuenahr
Tel. 0 26 41/91 71-0
info@ahrtaltourismus.de
www.@ahrtaltourismus.de

Touristinformation Alternahr
Altenburger Straße 1a
53505 Altenahr
Tel. 0 26 43/84 48
info@altenahr-ahr.de
www.altenahr-ahr.de

EINKEHR-/ÜBERNACHTUNGSMÖGLICH-KEITEN (E/Ü)

Gasthaus „Schäferkarren" (E)
Brückenstraße 29
53505 Altenahr
Tel. 0 26 43/71 28
Mo Ruhetag

Steinerberghaus (E)
Auf dem Steinerberg 1
53506 Kesseling
Tel. 0 26 47/80 28 76
www.steinerberg-haus.com
Mo/Di Ruhetage, November bis März nur
Fr-So geöffnet

Gästehaus Weingut Sermann-Kreuzberg (E/Ü)
Weinbergstraße 30
53505 Altenahr
Tel. 0 26 43/78 12
ksermann@t-online.de
Mi Ruhetag

Hotel „Zum Schwarzen Kreuz" (E/Ü)
Brückenstraße 5 – 7
53505 Altenahr
Tel. 0 26 43/15 34 oder -18 15
zumschwarzenkreuz@t-online.de
www.zumschwarzenkreuz.de

Hotel-Restaurant-Café Haus Caspari (E/Ü)
Roßberg 1
53505 Altenahr
Tel. 0 26 43/94 17-0
info@hauscaspari.de
www.hauscaspari.de
November bis Ostern Mi Ruhetag

Weingut Sermann-Kreuzberg (Ü)
Seilbahnstraße 22
53505 Altenahr
Tel. 0 26 43/71 05
info@sesrmann.de
www.sermasnn.de

Naturschutz-Jugendherberge (Ü)
Jugendgästehaus Altenahr
Langfigtal 8
Tel. 0 26 43/18 80
altenahr@diejugendherbergen.de

CAMPING-/WOHNMOBILSTELLPLÄTZE (C/W)

Campingplatz Altenahr (C/W)
53505 Altenahr
Tel. 0 26 43/85 03
www.camping-altenahr.de

FLEXIBLE MOBILITÄT

Taxi Seul
Altenburgerstraße 1a
53505 Altenahr
Tel. 0 26 43/66 66

Gute Fernsicht vom Steinerberg

ZUSÄTZLICHE ALTERNATIVEN

Über die beiden Ahrsteig-Verbindungswege hinaus kann der Wanderer die Ahrtalbahn zwischen Kreuzberg und Walporzheim nutzen oder unter zwei anderen Wanderwegen wählen, deren Kennzeichnungen keinen Bezug zum Ahrsteig aufweisen.

Die Ahrtalbahn an der „Bunten Kuh" bei Walporzheim

Die Ahrtalbahn

Wer schnell den Anschluss an den zweiten Teil des Ahrsteigs sucht, kann ab Kreuzberg die Ahrtalbahn benutzen und gelangt in ca. 20 Minuten zu deren Walporzheimer Haltepunkt. In weniger als zehn Minuten wird dann der Ausschilderung folgend die Josefbrücke, der Anknüpfungspunkt des Ahrsteigs, erreicht.

Die Trasse der Bahn führt in zahlreichen Tunneln durch das Ahrgebirge. Bei jedem Zutagetreten weist die abwechslungsreiche Landschaft ein anderes Bild auf. Allerdings bleibt dem Wanderer somit manch interessantes Kleinod der Ahrstrecke zwischen Kreuzberg und Walporzheim vorenthalten.

DER AHRTALWEG

Die Ahr bei Walporzheim

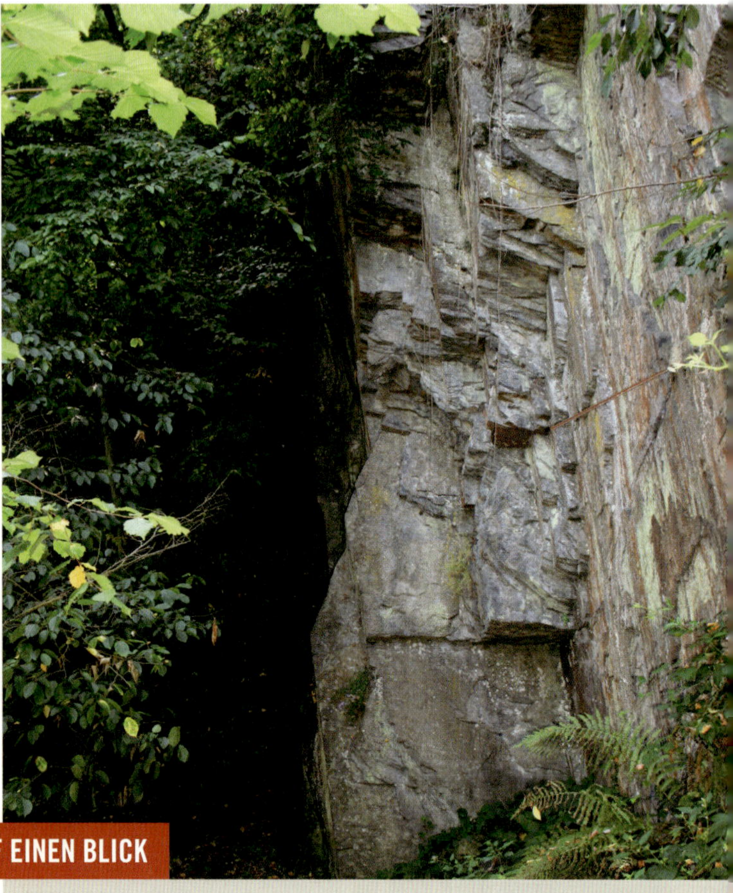

AUF EINEN BLICK

Distanz: knapp 19 km
Zeit: knapp 5 Stunden

Wegbeschaffenheit: Nahezu ebenerdiger Wanderweg entlang der Ahr.

Schwierigkeitsgrad: leicht
An manchen Stellen je nach Wetterlage etwas weich bis matschig.

Anfahrt mit ÖPNV:
Von Köln/Bonn/Koblenz mit der DB nach Remagen, dann mit RB 30 (Ahrtalbahn) bis Altenahr (www.bahn.de).
Die Buslinie 841 verkehrt zwischen Altenahr und Remagen Kripp Fähre und weicht von den Stationen der Ahrtalbahn ab, um innerorts verschiedene Haltestellen anzufahren (VRM-Hotline 0 180 5/98 69 86 [14 Cent/Minute aus dem deutschen Festnetz], www.vrminfo.de)

Anfahrt mit PKW:
Von Köln/Bonn über die A 555/A 565 bis Meckenheimer Kreuz, dann über die A 61 bis Bad Neuenahr, von dort über die B 267 bis Altenahr.

Parkmöglichkeiten:
In Altenahr, Parkplatz an der Talstation der ehemaligen Seilbahn
In Altenburg, innerorts

 Nicht in den Alpen, sondern am Ahrsteig bei Walporzheim

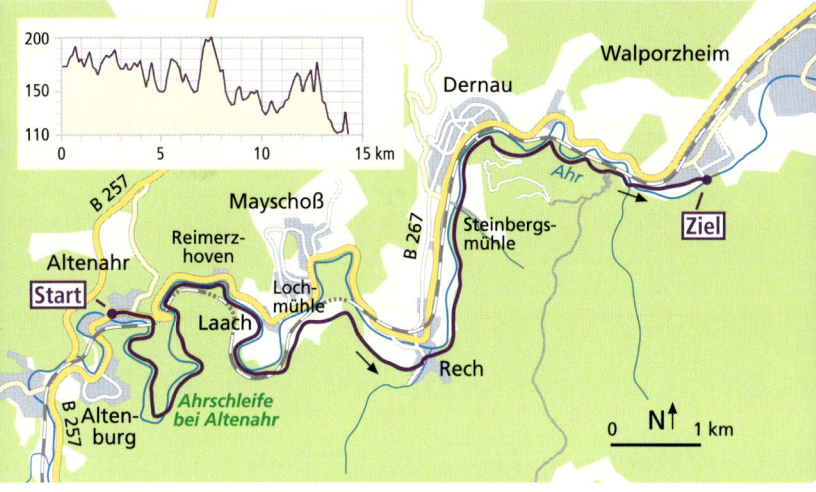

Der Ahrtalweg (A)

Wesentlich mehr zu bieten hat da der Ahrtalweg, der sich, wie es seine Bezeichnung bereits beinhaltet, fast ausschließlich direkt am natürlichen Verlauf der Ahr orientiert. Nur wenige geologische Gegebenheiten sind es, die kurze, kaum erwähnenswerte Abweichungen erfordern. Ansonsten kann jede Ahrschleife erkundet werden. Insbesondere das Naturschutzgebiet Langfigtal direkt bei Altenahr soll hier erwähnt werden, das jeden Naturfreund begeistern wird, denn Flora, Fauna und die von der Natur geschaffenen Felsformationen präsentieren sich hier in beeindruckender Einzigartigkeit.

Kurz vor dem Anschlusspunkt zum zweiten Teil des Ahrsteigs vor Walporzheim erreicht der Weg eine Stelle, die nahezu die gleiche Höhe der Wasseroberfläche der Ahr aufweist. Der Pfad schlängelt sich weiter, mal ansteigend, dann wieder sanft abfallend, alles im Schatten von Laubbäumen. Alte Trockenmauern auf der rechten Seite im Hang lassen erkennen, dass auch in diesem Bereich einst Weinanbau betrieben wurde. Wenig später entfernt sich die Ahr nach links von dem Weg und weicht einer großen Aue. Hier zweigt auch ein steiler Bergpfad zum Aussichtspunkt Katzenley ab. Wer einen unvergesslichen Ausblick vom Pavillon dieses Felsvorsprungs auf die gegenüberliegende „Bunte Kuh", das angrenzende nördliche Umland, die Kreisstadt und die tief unten mäandernde Ahr erleben möchte, sollte seine Wanderung hier auf dem Ahrtalweg kurz unterbrechen und einen ca. 15-minütigen Aufstieg auf schmalem Pfad zum Katzenley-Ausblick einschieben.

RWW

Am Rotweinwanderweg bei Dernau

DER ROTWEIN-
WANDERWEG

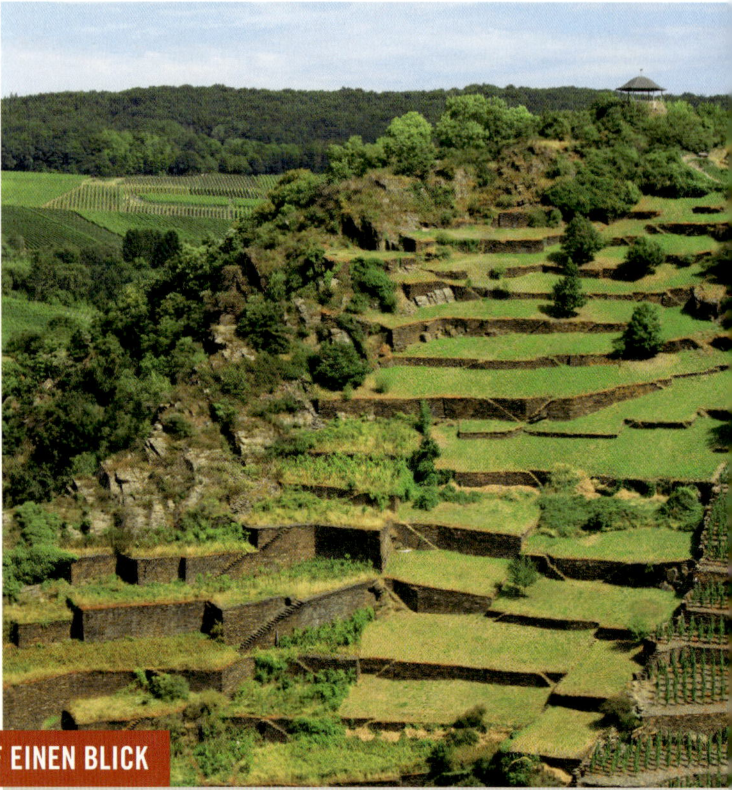

AUF EINEN BLICK

Distanz: 14,94 km
Zeit: 6:30 Stunden

Wegbeschaffenheit: Breiter befestigter, aber naturbelassener Wanderweg.

Schwierigkeitsgrad: leicht; Der Rotweinwanderweg ist als familienfreundlicher, bequemer Wanderweg bekannt.

Distanz: 1,69 km vom RWW-Abzweig „Bunte Kuh“ über Aussichtspunkt nach Walporzheim Josefbrücke

Zeit: knapp 30 Minuten

Anfahrt mit ÖPNV:
Von Köln/Bonn/Koblenz mit der DB nach Remagen, dann mit RB 30 (Ahrtalbahn) bis Altenahr (www.bahn.de).

Die Buslinie 841 verkehrt zwischen Altenahr und Remagen Kripp Fähre und weicht von den Stationen der Ahrtalbahn ab, um innerorts verschiedene Haltestellen anzufahren (VRM-Hotline 0 180 5/98 69 86 [14 Cent/Minute aus dem deutschen Festnetz], www.vrminfo.de)

Anfahrt mit PKW:
Von Köln/Bonn über die A 555/A 565 bis Meckenheimer Kreuz, dann über die A 61 bis Bad Neuenahr, von dort über die B 267 bis Altenahr.

Parkmöglichkeiten:
In Altenahr, Parkplatz an der Talstation der ehemaligen Seilbahn
In Altenburg, innerorts

 Steile Weinterrassen an der „Bunten Kuh“

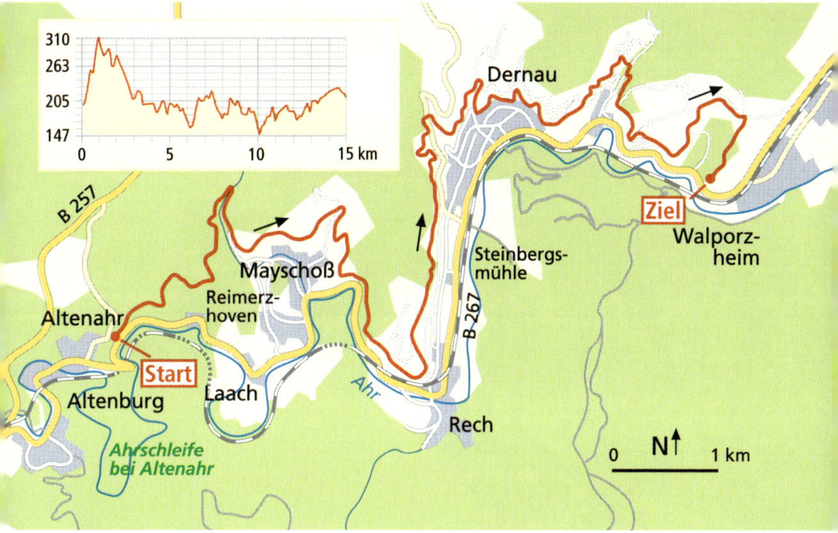

Der Rotweinwanderweg (RWW)

D er seit 40 Jahren bestehende und seither äußerst beliebte Rotweinwanderweg kann als weitere Alternative zum Anschlusspunkt des Ahrsteigs in Walporzheim führen. Links der Ahr auf halber Höhe durch das nördlichste Rotweinanbaugebiet Deutschlands kann man zudem viel Wissenswertes über die einzelnen Rebsorten, die Arbeit der Winzer und natürlich über das Ergebnis – den Wein – erfahren und auch an zahlreichen Stellen eine Probe nehmen. Ist der RWW von Kreuzberg über den Ahrtalweg nach Altenahr erreicht (ca. 2 Kilometer), steht eine interessante Strecke bevor.

An der „Bunten Kuh" bei Walporzheim wird der RWW verlassen und der Ausschilderung zum Anschlusspunkt an der Josefbrücke gefolgt.

Hinweis auf den Rotweinwanderweg – die roten Trauben

Ursulinen-Kloster Kalvarienberg oberhalb Ahrweilers

ETAPPE 6

Von Bad Neuenahr-Walporzheim über Ahrweiler nach Heimersheim

AUF EINEN BLICK

Distanz: 14,47 km
Zeit: 5:07 Stunden

Wegbeschaffenheit:
Wald-, Ufer-, Wiesen-, Weinwirtschaftswege, kurze asphaltierte Abschnitte,
Schotteruntergrund, befestigte, aber naturbelassene Feldwege.

Schwierigkeitsgrad: mittel
Kurze Auf- und Abstiege. Im letzten Drittel ein größerer Aufstieg ohne Klettern,
etwas Kondition erforderlich, keine gefährlichen Streckenabschnitte.

Koordinaten Walporzheim:
BG: 50,52931672
LG: 6,08069921
H: 121

Anfahrt mit ÖPNV:
Von Köln/Bonn/Koblenz mit der DB nach
Remagen, dann mit RB 30 (Ahrtalbahn),
bis Ahrweiler, Ahrweiler Markt oder Walporzheim (www.bahn.de), oder Buslinie 841 (VRM-Hotline 0 180 5/98 69 86
[14 Cent/Minute aus dem deutschen
Festnetz], www.vrminfo.de)

Anfahrt mit PKW:
Von Köln/Bonn über die A 555/A 565 bis
Meckenheimer Kreuz, dann über die A 61
bis Bad Neuenahr, von dort über die
B 267 bis Bad Neuenahr-Ahrweiler, Ahr-
weiler Markt oder Walporzheim.
Von Koblenz bis Sinzig über die B 9, von
dort über die B 267 weiter wie oben.

Parkmöglichkeiten:
In Walporzheim, an der Josefbrücke, auf
der rechten Seite der Ahr, unmittelbar an
der Weiterführung des Ahrsteigs; ansons-
ten innerorts
In Ahrweiler, vor den vier Stadttoren; am
Bahnhof Ahrweiler
In Bad Neuenahr, Bahnhof; Parkplatz am
Kaufhaus Moses; Rosenkranzkirche;
Weststraße; andere innerörtliche Mög-
lichkeiten

INTERESSANT AM WEGESRAND

Ahrweiler

Ahrweiler, ein Stadtteil von Bad Neuenahr mit ca. 8.000 Einwohnern, ist der Hauptanbau- und Handelsort des blauen Spätburgunders und Mittelpunkt des größten geschlossenen Rotweinanbaugebietes Deutschlands: Erstmals im Jahre 893 erwähnt, verfügt das Städtchen mit vier Stadttoren, mit bis zu acht Meter hohen Stadtmauern und einem Wallgraben aus dem 13. Jahrhundert über unzählige, malerische Fachwerkhäuser und schmale, verwinkelte Gässchen. Liebevoll gepflegte, von Blumen und Weinranken gezierte Fassaden bestimmen das Bild des Ortes. Der Besucher erlebt das Ambiente einer längst vergangenen Zeit.

Museum Römervilla

Am Silberberg 1
53474 Bad Neuenahr-Ahrweiler
Tel. 0 26 41/53 11
Von April bis Mitte November
Di–So 10–17 Uhr geöffnet
www.museum-roemervilla.de
Als 1980 die B 267 ausgebaut wurde, stießen die Arbeiter auf römisches Mauerwerk – die Reste einer einstmals großzügig ausgestatteten Villa aus dem 1. Jahrhundert. Diese archäologische Sensation erwies sich als so bedeutend, dass der Standort zum Museum ausgebaut wurde.

Museum der Stadt
Bad Neuenahr-Ahrweiler

Altenbaustraße 45
53474 Bad Neuenahr-Ahrweiler
Tel. 0 26 41/3 15 16
Mi–So/Feiertage 10–17 Uhr geöffnet
Ein dreistöckiger Wohnturm aus der zweiten Hälfte des 13. Jahrhunderts, im Volksmund „Weißer Turm" genannt und gleichzeitig ältestes und markantestes Bauwerk in Ahrweiler, beherbergt bereits seit 1907 das städtische Museum der Stadt Bad Neuenahr-Ahrweiler. Bei einer Renovierung im Jahre 1990 wurde eine barocke Hauskapelle mit einem

Stuckaltar des heiligen Hermann-Josef entdeckt, die den Ausstellungsbereich jetzt ergänzt. Museum und Denkmalschutz ergaben hier eine ideale Verbindung. Schwerpunktmäßig wird in dem Museum die mittelalterliche Stadtgeschichte dargestellt. Sakrale Kunstgegenstände, Skulpturen und Gemälde stellen besondere Kostbarkeiten dar. Nicht weniger interessant präsentiert sich der Themenkomplex, der sich mit dem 19. Jahrhundert einsetzenden

Rotes Ahrsteig-Logo (o.) und eines der ältesten Häuser in Ahrweiler (u.)

Eingang zur Dokumentationsstätte Regierungsbunker in Ahrweiler

INTERESSANT AM WEGESRAND

Ahrtourismus und dem Aufstieg und Ausbau Bad Neuenahrs zur Kur- und Badestadt beschäftigt.

Das Museum ist besonders kinderfreundlich. Der Drache Laurentius begleitet die kleinen Museumsbesucher durch die Ausstellung und bringt ihnen die Exponate auf seine Weise näher.

Dokumentationsstätte Regierungsbunker

Am Rotweinwanderweg
53474 Bad Neuenahr-Ahrweiler
Tel. 0 26 41/9 11 70 53
Mi/Sa/So/Feiertage 10–18 Uhr für Einzelbesucher geöffnet, letzter Einlass um 16.30 Uhr
Bei Temperaturen von 12 Grad im Bunker und einer Führungsdauer von 1,5 Stunden sollte an warme Bekleidung gedacht werden.
www.dokumentationsstaette-regierungsbunker.eu

Einst wurde der Regierungsbunker (Bauzeit 1969–1972, Deckname „Dienststelle Marienthal") tief unter den Weinbergen bei Ahrweiler als höchstes Geheimnis der Bundesrepublik Deutschland behandelt. Dieser unterirdische „Ausweichsitz der Verfassungsorgane des Bundes" hätte 3.000 Politikern und Personal bei einem atomaren Erstschlag Schutz geboten. Ab 2001 wurde das Stollensystem von insgesamt 17,3 Kilometern Länge zurückgebaut. Seit März 2008 dienen 250 Meter als Museum und Dokumentationsstätte. Teilbereiche der Anlage stehen den Besuchern offen, laden Interessierte aus aller Welt ein. Für den Träger der Dokumentationsstätte, den Heimatverein „Alt-Ahrweiler", ist dies Herausforderung und Verantwortung zugleich, denn die Mitarbeiter begleiten die Besucher durch eine unterirdische Welt, die noch bis vor Kurzem strenger Geheimhaltung unterlag. Seine Planung reicht bis in das Jahr 1950 zurück. Bundeskanzler Dr. Adenauer war von Beginn mit einbezogen. Die Federführung lag beim Bundesministerium des Innern, das sich nach jahrelanger Standortsuche für zwei Eisenbahntunnel der ehemaligen, unvollendeten strategischen Bahn durch das Ahrgebirge zwischen Liblar und Minette in Lothringen entschied. Eine umfangreiche Dokumentation und viele Originalgegenstände in Verbindung mit dem Originalschauplatz informieren über ein Kapitel deutscher Geschichte.

Kalvarienberg

Ein mächtiges, fast wehrhaft anmutendes Bauwerk inmitten der Weinberge ragt auf der rechten Ahrseite empor. Es ist das Ursulinenkloster mit Mädchenschule und Internat. Der Weg dorthin wird durch 14 barocke Stationenkreuze aus dem Jahre 1732 gesäumt. Im Mittelalter befand sich an dieser Stelle noch die Richtstätte. Als 1440 ein aus Jerusalem heimkehrender Ritter die Lage des Berges zu Ahrweiler mit der Golgathas zu Jerusalem verglich, erkannte er markante Ähnlichkeiten. So musste der dort befindliche Galgen einer hölzernen Kapelle zu Ehren des Gekreuzigten und der Schmerzhaften Muttergottes weichen. In kurzer Zeit entwickelte sich hier eine gut besuchte Wallfahrtsstätte. In der Kirche werden zahlreiche Ausstattungsgegenstände wohlhabender Stifter aufbewahrt wie Holzbildwerke, Statuen, Fensterscheiben und Kreuzwegstationen.

Im Weißen Turm befindet sich das Stadtmuseum.

Pfarrkirche St. Laurentius

Die Pfarrkirche direkt am Markt von Ahrweiler gelegen, stammt aus dem Jahr 1269. Sie ist eine der bedeutendsten rheinischen Kirchenbauten der frühen Gotik und stellt heute die älteste Hallenkirche des Rheinlandes dar. Mit ihrem aus der Fassade aufstrebenden Achteckturm mit Dreiecksgiebeln erhebt sich vor dem Betrachter eines der Prunk- und Vorzeigestücke von Ahrweiler. Während des Pfälzischen Erbfolgekrieges wäre die Kirche durch einen Angriff auf Ahrweiler am 1. Mai 1689 durch einen Brand fast vollständig zerstört worden, denn Dach und Inneneinrichtung gingen damals in Flammen auf.

Ahrtal-Express

Tel. 02 61/9 62 27 15 oder
0171/4 45 15 25
info@ahrtal-express.de
www.ahrtalexpress
Beim Ahrtalexpressi handelt es sich um die Nachbildung einer historischen Bahn, die die Straßen benutzt, zwischen Bad Neuenahr (Kurgartenbrücke) und Ahrweiler (Markt) verkehrt und mit der man die Sehenswürdigkeiten während einer 50-minütigen Fahrt entdecken kann. Die Abfahrten bis Ende Oktober sind täglich jeweils stündlich an der Kurgartenbrücke und am Marktplatz in Ahrweiler. In der Zeit von November bis März erfolgen die Fahrten nur am Wochenende.

AhrWeinForum

Walporzheimer Straße 19
53474 Bad Neuenahr-Ahrweiler
Tel. 0 26 41/9 17 10
info@ahrtaltourismus.de
www.ahrtaltourismus.de
April bis November Sa/So/Feiertage 14–17 Uhr geöffnet
Das Forum bietet vielseitige und abwechslungsreiche Informationen über den Wein und die Weinkultur an der Ahr. So werden die 2.000 Jahre alte Geschichte des ahrtaler Weinbaus und die Abläufe eines modernen Winzerbetriebes dargestellt. Ein Muss für jeden, der mehr über den Wein erfahren möchte.

Lourdeskapelle

Die Kapelle direkt am Ahrsteig gelegen, oberhalb im engen Tal beim Neuenahrer Ortsteil Bachem, ist das Ergebnis eines Gelübdes aus neuerer Zeit. Ein Soldat aus diesem Ort hatte versprochen, eine Kapelle zu stiften, wenn er unversehrt aus dem Zweiten Weltkrieg nach Hause zurückkehren würde. Als er 1949 schließlich seinen Heimatort erreicht hatte, ließ er die Kapelle mit einer dahinterliegenden Grotte in Anlehnung an Lourdes in den Pyrnäen errichten. Seitdem brennen dort ständig die roten Opferlichter.

Winzermuseum

Königstraße 23
53474 Bad Neuenahr/Ahrweiler
Tel. 0 26 41/3 48 65
Mai bis Ende Oktober geöffnet
Bei dem kleinen Museum in Bachem handelt es sich um das ehemalige alte Backhaus (Backes) des historischen Weinortes aus dem Jahr 1650, bekannt durch den Anbau der Frühburgundertrauben. Die obere Ebene des Gebäudes diente während der Befreiungskriege Kosaken als Wachlokal. In den Jahren 1828 bis 1848 war dort die Dorfschule untergebracht. Seit 1978 haben dort zahlreiche interessante Exponate im Zusammenhang mit dem Weinanbau in Bachem ihren Platz gefunden.

Seilpark

53474 Bad Neuenahr-Ahrweiler
Tel. 02 21/72 00 85
www.seilpark.de
Mitten in den Weinbergen oberhalb von Ahrweiler ragen weithin sichtbar drei mächtige Betonpfeiler auf. Es sind Teile eines Viadukts, das im Zuge der Bauarbeiten der nie vollendeten Bahnlinie Liblar – Trier errichtet wurde. Die Strecke war als Verbindung und Erztransportweg zwischen dem lothringischen Minette und dem Ruhrgebiet, aber auch als Nachschub- und Aufmarschlinie im Rahmen des Schlieffen-Planes gedacht. Im Jahre 1910 begonnen, wurde der Bau mit Ausbruch des Ersten Weltkrieges unterbrochen. Der Versailler Vertrag verbot den zweigleisigen Weiterbau. Daher weisen die Pfeiler im oberen Bereich nur den halben Querschnitt auf.
Eine sinnvolle Nutzung erfuhren die bis zu 35 Meter hohen Relikte durch die Errichtung des Kletterparadieses „Seilpark Mittelrhein", das Extrembergsteigern ganzjährig zur Verfügung steht.

Brückenpfeiler inmitten der Ahrberge in Ahrweiler (o.), Winzermuseum in Bachem (u.)

Die Fortsetzung des Ahrsteigs

Wir beginnen den zweiten Teil des Ahrsteigs, dessen rotes Logo jetzt den Verlauf kennzeichnet, in Walporzheim an der Josefbrücke direkt an der Ahr. Auf der rechten Uferseite betreten wir einen Weg, der durch Auen und Streuobstwiesen führt. Die Ahr zeigt sich links in Sichtweite als ruhig dahinfließendes Gewässer. Es dauert allerdings nicht lange, bis lautes Rauschen der Ahr herüberdringt. Der Wasserlauf teilt sich jetzt in mehrere Arme und nimmt durch zunehmendes Gefälle an Geschwindigkeit zu. Links unseres Weges schützt ein Geländer vor den reißenden und bei Hochwasser sogar bedrohlich tosenden Fluten. Eine Gabelung weist uns den Weg nach rechts und wir entfernen uns ein wenig von den rauschenden Wassern. Nach einem steilen, aber mit ca. 100 Metern nicht zu langem Anstieg eröffnen sich Weinanbauflächen auf der rechten Seite. Wir folgen dem Weg in Richtung Kloster Kalvarienberg, dessen mächtige Mauern bereits durch das Laub der Bäume zu erkennen sind. Auf der linken Seite ist der Steilhang zur Ahr hin wieder mit einem Geländer gesichert. Durch eine kurze Serpentinenführung bringt uns der Weg nun erneut auf das Niveau der Ahr, deren Fließgeschwindigkeit sich wieder reduziert hat.

Das wehrhaft anmutende Kloster Kalvarienberg liegt nun stolz aufragend vor uns. Vor einem kleinen Steg über den schmalen, dahinplätschernden Wingsbach biegen wir rechts ab und gehen parallel auf einem schmalen Pfad neben diesem kleinen Wasserlauf bergan, der sich in unmittelbarer Nähe mit der Ahr

Die Ahr bei Walporzheim

vereint. Wir befinden uns jetzt in der sogenannten „Maibachklamm". Es gibt hier zwar keinen Maibach, dennoch hat sich dieser Name im Laufe der Zeit wegen der oberhalb im Taleinschnitt angesiedelten Maibachfarm im Sprachgebrauch der Einheimischen durchgesetzt und eingeprägt. Da der Bach zahlreiche Windungen aufweist, ist es erforderlich, im Verlauf des Pfades mehrmals die Seiten zu wechseln, was durch entsprechende hölzerne Stege ermöglicht wird. Dadurch ergibt sich der besondere optische Reiz dieses kurzen Streckenabschnittes. An der elften Querung verlassen wir den Bachlauf, schwenken einige Schritte links ein und erreichen den großen Wanderparkplatz zwischen dem Kloster Kalvarienberg und der Maibachfarm, die etwas versteckt oberhalb liegt. Es bleibt nun jedem selbst überlassen, ob er seine Wanderung an dieser Stelle kurz unterbricht, um eine Rast auf der Maibachfarm einzulegen. Über eine stetig ansteigende Fahrstraße wäre dieses Zwischenziel nach ca. 400 Metern erreicht.

Der Ahrsteig führt weiter in nördliche Richtung auf einem befestigten Untergrund. Rechts erheben sich die Stützmauern der Weinberge. Gegenüber erreichen wir bald die Vorderseite des Klosters Kalvarienberg. An dieser Stelle schwenkt der Ahrsteig nach rechts auf einen Weinwirtschaftsweg in die Weinberge oberhalb des romantischen Stadtteils Ahrweiler ab. Blicken wir nach links talwärts, erkennen wir deutlich die vier Stadttore des einladenden Ortes mit dem beliebten mittelalterlichen Flair, die gepflegte Laurentiuskirche mit ihrem alles überragenden Turm, den Weißen Turm des heutigen Stadtmuseums. Im Hintergrund im Adenbachtal ragen aus den Weinanbauflächen die alten Brückenpfeiler, die mittlerweile als Kletterparadies eine neue Aufgabe gefunden haben. Richten wir unseren Blick weiter westlich, also nach links, erkennen wir noch einmal den Aussichts-Pavillon auf der „Bunten Kuh". Noch weiter westlich daneben ragt die oberste Spitze des Krausbergturmes hoch über die dichten Wälder von Dernau heraus.

In weiterer Wanderrichtung liegen Bad Neuenahr, die Landskrone bei Heimersheim, die Talbrücke der A 61 und weiter rechts der Neuenahrer Berg vor uns. In sanftem Aufstieg erreichen wir eine Weggabelung, deren linker Ast wieder ein wenig talwärts führt, bis vor uns links Häuser sichtbar werden. Wir schwenken an der nächsten Möglichkeit nach links auf die Georg-Habighorst-Straße. In kurzer Zeit bringen wir die beidseitige Wohnbebauung hinter uns und gelangen zum Ardennenplatz an der Landesstraße 84, die wir dort überqueren und auf der anderen Seite die Franziskusstraße erreichen. Zwischen den Häusern Nr. 13 und 15 führt ein schmaler Weg in längerer Steigung wiederum in die Weinberge zurück. Im weiteren Verlauf unserer Etappe geht es vorüber an Streuobstwiesen, Pferde- und Schafweiden, Brachland und Weinkulturen.

Kleinere bewaldete Flächen lockern immer wieder das landschaftliche Gesamtbild auf. Hin und wieder lohnt sich ein Blick zurück nach Ahrweiler, Bad Neuenahr und die auf der anderen Ahrseite liegenden Weinhänge. Unerlässlich ist es, streng auf die Ausschilderung achten, weil hier oben auf einem mehr oder weniger welligen Plateau ein umfangreiches Wegesystem besteht. Abwechselnd werden wir nach links oder rechts geführt, sodass sich stets ein anderer Blickwinkel auf die Landschaft ergibt. Schließlich werden vor uns im Hintergrund erstmals die gegenüberliegenden Hänge des Bachemer Tals sichtbar. Mehrmals verändern wir noch gemäß der Ausschilderung unsere Richtung, bis wir auf einen breiteren Fahrweg gelangen, der uns nach Süden führt. Nach mehreren hundert Metern vorbei an Kleingartenanlagen, Buschgelände und Weinanbauflächen nähern wir uns der Landesstraße 84, die dann den Verlauf unseres Weges tangiert. Ein längerer Kontakt mit der Verkehrsstraße bleibt uns erspart, denn an dieser Stelle schwenken wir links ab in einen Buchen- und Eichenwald. Wir streben jetzt auf dem direkten Weg in das Bachemer Tal. Zunächst ein mäßiges Gefälle aufweisend, verläuft der schmale Pfad dann über einen Streckenabschnitt von ca. 200 Metern extrem steil ab-

Über zwölf Stege führt der Ahrsteig das Maibachtal hinauf.

Lourdeskapelle im Bachemer Tal direkt am Ahrsteig

wärts. An einer Kreuzung mit einem anderen Pfad wählen wir geradeaus den linken Ast und nähern uns zwischen den Bäumen weiter dem Tal. Am Ende dieses Weges kommen wir auf eine ebenerdige Wiese. Nach 100 Metern haben wir die Lourdeskapelle im Bachemer Tal als Etappenrast erreicht.

Geheimnisvoll und mahnend flackern die Kerzen ständig in der der Grotte von Lourdes in den Pyrenäen nachempfundenen Kapelle. Die kleine Oase, die einst ein gläubiger Kriegsrückkehrer aus Dankbarkeit errichtet hat, entwickelte sich im Laufe der Zeit zu einer Kultstätte, die von Gläubigen aufgesucht wird, die ihren Dank für erhaltene Hilfe in Votivtafeln zum Ausdruck bringen. Aber auch Wanderer nutzen diese schattige Stelle mit Ruhebänken für eine kurze Rast und vielleicht zur Besinnung. Wir

lassen die in Bachem nicht mehr wegzudenkende Kapelle zurück und begeben uns in südliche Richtung auf einen Waldweg, um bereits nach wenigen Metern auf einen Querweg zu stoßen. Auf diesem halten wir uns rechts und erreichen kurz danach eine Abzweigung, deren linken Ast wir beschreiten. Weitere 80 Meter verbleiben wir auf diesem Stück und biegen dann scharf nach links auf einen Waldweg ein, der uns wieder in die entgegengesetzte nördliche Richtung am Fuße der Fürstenberghöhe führt. Es ist ein angenehm ansteigender Waldweg, der beidseitig durch Mischwald begrenzt wird. Links unterhalb liegt das Bachemer Tal mit seinem gleichnamigen Bachlauf. Hufspuren in dem weichen Waldboden verraten uns, dass dieser Teil des Weges offenbar auch von Reitern genutzt wird. Nach ca. 800 Metern mündet der Weg auf einen Holzwirtschaftsweg, dem wir ohne nennenswerte Steigungen weiter in Richtung Nordost folgen. Nach ca. 300 Metern gelangen wir auf eine geteerte Fahrstraße. Wir überqueren nun die einspurige Straße und nutzen gegenüber einen schmalen Waldweg. Wenig später werden links unterhalb des Abhangs zwischen den Bäumen bereits die ersten Häuser von Bachem sichtbar. Am Ende des Waldes treten wir wiederum kurz auf einen befahrbaren Weg hinaus. In gleicher Höhe liegt eine Schutz- und Grillhütte vor uns. Von hier eröffnet sich in Richtung Südwesten ein Ausblick auf den Ortsteil Ahrweiler mit den markanten Gebäuden des Klosters Kalvarienberg unten im Tal.

Die Madonna in der Lourdeskapelle

Weiter links im Hintergrund zeichnet sich der Krausbergturm vor dem hellen Himmel ab. Kaum fünf Kilometer Luftlinie trennen uns von diesem Aussichtspunkt. Im Verlauf eines Wiesenweges grenzen jetzt zunächst auf der linken Seite die Bachemer Weinhänge an. Wenig später eröffnen sich auch auf der rechten Seite Weinanbauflächen, bis diese schon bald durch Gebüsch rechts und links wieder unterbrochen werden. Der bequeme, ebenerdige, mit sattem Grün bewachsene Weg endet in einer Spitzkehre mit einem kleinen Rastplatz und Bänken. Wir wenden uns scharf nach rechts und folgen einem befestigten Weinwirtschaftsweg, der allerdings nach kurzer Strecke wieder in einen Waldweg mit entsprechendem Untergrund übergeht. Bis zu dieser Stelle ist ein weiter Blick über die Weinhänge bis nach Bad Neuenahr hinunter möglich. Die ungestörte Sicht reicht über den Flugplatz Bengener Heide bis hin zum Siebengebirge jenseits des Rheins in nordöstlicher Richtung. Das weiße Marienkapellchen auf halber Höhe zeigt uns die Landskrone, den markanten Vulkankegel bei Heppingen mit der sagenumwobenen Burgruine auf dem Gipfel. Im Vordergrund unten im Tal erkennen wir im Stadtkern von Bad Neuenahr den Turm der Rosenkranzkirche. Beim Blick nach links zurück erscheint wieder die weithin sichtbare, in lichter Farbe gehaltene Laurentiuskirche, die aus dem mittelalterlichen Ahrweiler über die Dächer hinausragt.

Wir erreichen wieder einen Mischwald. Wichtig ist auf dem folgenden Abschnitt wegen der zahlreichen kurzfristigen Richtungsänderungen, die Ahrsteig-Ausschilderung stets im Auge zu behalten. Nach ca. 250 Metern gelangen wir wieder zu einer befestigten Waldfahrstraße, deren Verlauf wir zunächst folgen. Nach weiteren 400 Metern stoßen wir auf einen Querweg und halten wir uns links, um gleich wieder auf einen schmalen Waldweg einzubiegen. Es handelt sich um den Hepke-Weg (Adolf Hepke, Bürgermeister von Bad Neuenahr 1875 bis 1892, Gründer und Vorsitzender der Ortsgruppe Bad Neuenahr im Eifelverein von 1890). Nach wenigen Schritten erreichen wir den Dronkeweg (Dr. Adolf Dronke, 1834

bis 1898, Gründer des Eifelvereins. Unter seiner Patenschaft wurde 1890 der Ortsverein Bad Neuenahr gegründet). Wir schwenken rechts ab, um wenig später einen befestigten Waldwirtschaftsweg zu überqueren und den bequemen Weg ohne Steigungen auf angenehmem fußfreundlichem Untergrund weiterzugehen. Zahlreiche Hinweistafeln machen hier auf Bäume und waldspezifische Gegebenheiten aufmerksam, denn wir passieren einen interessanten Waldlehrpfad.

An einer Ruhebank gabelt sich der Weg. Wir folgen ihm links weiter in einen dichten Mischwald. Dann stoßen wir auf einen etwas breiteren Waldfahrweg, auf den wir nach links einbiegen, um nach kurzer Strecke erneut links geleitet zu werden. Auf der rechten Seite erwartet uns jetzt ein runder, von Bäumen umgebener Waldplatz, auf dem Flora und Fauna anschaulich mit ausführlichen Erklärungen dargestellt werden. Anhand von unterschiedlichen Nistkästen wird zum Beispiel verdeutlicht, welche Arten von Waldvögeln hier heimisch sind und welche Lebensformen sie aufweisen. Es lohnt sich, an diesem Ort ein wenig zu verweilen und in einprägsamer Art seine Kenntnisse über die Natur und das Leben der gefiederten Freunde im Wald aufzufrischen. Nach dem Durchqueren eines jungen Laubwaldbestandes auf einem geringfügig abwärts verlaufenden Weg, eröffnet sich vor uns schließlich die sogenannte

Blick vom Neuenahrer Berg

Paradieswiese unmittelbar am Fuß der südlichen Seite des Neuenahrer Berges. Hier befindet sich auch der Waldkletterpark, dessen unterschiedlichen Stationen mit verschiedenen Schwierigkeitsgraden sich im dichten Waldbestand verbergen, sich hervorragend in die Natur eingliedern und keinesfalls störend wirken. Besonders interessant erscheint die Überquerung der Paradieswiese über ein Stahlseil- und Rollensystem in 30 Metern Höhe, das gerne von Jung und Alt genutzt wird.

Wir gehen am rechten Rand der Paradieswiese weiter. Der rechts ansteigende Hang ist mit mächtigen Buchen bestanden, zwischen denen immer häufiger Geröll vulkanischen Ursprungs sichtbar wird – bereits ein Vorbote auf

das, was uns gleich am Neuenahrer Berg in unmittelbarer Nähe erwartet. Am Ende der Wiese schwenken wir ein kleines Stück nach links und erreichen einen schmalen geteerten, ansteigenden Waldfahrweg. Der gegenüberliegende, steil ansteigende Südhang des Neuenahrer Berges lässt nun ganz deutlich die vulkanische Entstehung erkennen. Ein weitläufiges Geröllfeld wird sichtbar, wobei die Steine oberhalb kleinere Maße aufweisen, unten hingegen präsentieren sich mächtige Brocken, die aufgrund ihrer Größe einst den weiteren Weg am Hang zurücklegten. Trotz dieser Geröllwüste war es den Bäumen möglich, sich durchzusetzen und eine stattliche Größe zu erreichen. Es ist ein imposantes Bild, wie hier geologische Gegebenheiten und die Flora einen Weg gefunden haben, nebeneinander in Einklang zu existieren.

Wir folgen nur ca. 150 Meter dem Fahrweg, der als Bischofsweg bezeichnet wird, ansteigend, um ihn dann wieder gemäß der exakten Ausschilderung nach links zu verlassen. Vor uns liegt jetzt ein Steilaufstieg, dessen Untergrundbeschaffenheit das Begehen zusätzlich nicht gerade bequem gestaltet. Geröll und Wurzeln, stellenweise verdeckt von Laub, erfordern auf diesem schmalen Pfad, jeden Schritt genau zu wählen und den Blick zum Boden zu wenden.

Liegt dieser Aufstieg hinter uns, stoßen wir erneut auf einen Fahrweg. Hier biegen wir links ein und verlieren die soeben mühsam erreichte Höhe, weil der weitere Verlauf in eine Senke führt. Dort, wo wieder eine Steigung beginnt,

Das Kurhaus in Bad Neuenahr

um den Gipfel des Berges zu erreichen, werden wir erneut nach links auf einen schmalen Pfad mit dem Charakter eines Hohlweges geleitet. Beidseitig türmt sich vulkanisches Gestein auf, Bäume haben in den Zwischenräumen mit ihren Wurzeln Halt gefunden. Es handelt sich offenbar um den Weg, der zur Zeit der Nutzung der Burganlage zum Haupteingangstor führte, sich damals aber durch nicht vorhandenen Baumbestand mindestens in Gespannbreite präsentierte. Zuwegungen zu Burgen waren übrigens stets so angelegt, dass die ungeschützte Seite des Angreifers rechts lag, weil die rechte Hand das Schwert führte, die linke den Schild trug.

Zwischen den bizarren Geröllformationen werden wenig später auch noch die exakt geformten Mauerreste der ehemaligen Burganlage hoch über dem Ahrtal sichtbar. Vor uns ragt zwischen Bäumen schon der Neuenahrer Turm empor, neuzeitlich und unverwüstlich in Beton gegossen, offenbar nicht so vergänglich wie die einstige Burganlage. Eine Höhe von 340 Metern über NN ist jetzt erreicht. Weitere 15,15 Höhenmeter kommen hinzu, wenn der Turm über die Wendeltreppe bestiegen und die obere, offene Plattform erklommen ist. Die Weitsicht reicht über das Drachenfelser Ländchen bis hin zum Siebengebirge. Unten im Tal liegt das Häusermeer von Bad Neuenahr. Das blaue, gewölbte Dach der Ahrthermen zeigt uns, wo sich der Kurbereich mit Badehaus, Kurhaus, Kurgarten und Casino befindet. Im Hintergrund laufen die Weinhänge in Richtung Norden auf der gegenüberliegenden Seite der Ahr aus.

Während der Adventzeit wird der Turm zu einer überdimensionalen Kerze umfunktioniert und grüßt mit seinem Schein Einheimische und Gäste des weit über die Grenzen des Neuenahrer Landes bekannten Weihnachtsmarktes in Ahrweiler.

Wir verlassen Turm und Gipfel des Neuenahrer Vulkans und begeben uns wieder auf die schmale Fahrstraße. Nach einer Senke passieren wir die Stelle, an der wir kurz beim Aufstieg aus der Steilstrecke eingebogen waren, und nehmen an einer Gabelung den linken Ast eines Waldweges, den sogenannten

Johannisbergweg. Langsam tritt im weiteren Verlauf durch Fichten- und Buchenhaine Gefälle ein. Ein Mangel an Ruhebänken ist an der Strecke nicht zu beklagen. Abwechslung bieten die lichtdurchfluteten Laubwälder im Kontrast zu den dichten, dunklen Nadelwaldbeständen. Nachdem wir an einer Gabelung den rechten Weg gewählt haben, dauert es nicht mehr lange, bis Verkehrsgeräusche zu uns herüberdringen, denn wir nähern uns der Landesstraße 83, die von Bad Neuenahr nach Königsfeld führt. Unser Weg verläuft unmittelbar auf der gegenüberliegenden Straßenseite weiter. Vorsicht beim Überschreiten der viel befahrenen Verbindungsstraße, da diese wegen einer scharfen Kurve auf der linken Seite nicht weit einsehbar ist! Schnell passieren wir die 50 Meter, die direkt hinter der Leitplanke entlangführen, und entfernen uns, indem wir rechts einem schmalen Waldweg mit leichtem Gefälle folgen. Auf der rechten Seite neigt sich jetzt das mit Buchen und Eichen bestandene Gelände steil hinab, bis wir zu einem Hohlweg gelangen. Nun erreicht uns schon der Verkehrslärm, der von der A 61 bei Heimersheim, unserem heutigen Zielpunkt, stammt. Es dauert nicht lange, bis wir aus dem Wald heraustreten und die Talbrücke, die das Ahrtal bei Heppingen überquert, vor uns liegt. In der Höhe, auf der sich links eine stillgelegte Eifelfango-Grube befindet und vor uns Wohnbebauung sichtbar wird, biegen wir scharf rechts auf einen ebenerdigen Wiesenweg ab. An der Einzäunung eines Gartengeländes schwenken wir wieder rechts und gehen parallel in die Richtung, aus der wir ursprünglich gekommen waren. Rechts erhebt sich wieder der Wald, links von dem Wiesenweg, auf dem wir uns jetzt befinden, fällt das Gelände zum Idienbachtal ab. Als nach einigen hundert Metern der Weg vor Büschen endet, führen in den Boden eingelassene und mit Brettern befestigte Stufen den Hang hinab in das Idienbachtal. Der nur geringfügig Wasser führende Bach wird mithilfe von Trittsteinen überquert, und fast an gleicher Stelle beginnt auf der gegenüberliegenden Seite der Einstieg in die mal dichten, mal lichten und vom Baumbestand unterschiedlichen Wälder des Beilrathsberges. Teilweise ziemlich steil, dann wieder abgeschwächt in Serpentinen erwartet uns das letzte Stück dieser Etappe.

Oberhalb von Heimersheim treten wir westlich der A 61 aus den Wäldern heraus. Vor uns liegt unverkennbar die meistbefahrene Autobahn Deutschlands, die wir an einer Unterführung passieren, nachdem wir ihr rechtsverlaufend einige Meter parallel gefolgt waren. Dann erstreckt sich vor uns auf der linken Seite der Bad Neuenahrer Ortsteil Heimersheim, der gleichzeitig das Ende der neunten Etappe des Ahrsteigs darstellt.

Das Ahrtal weitet sich an dieser Stelle, nimmt im Vergleich zu den bereits absolvierten Etappen und Verbindungswegen ein ganz anderes Aussehen an, und wir freuen uns schon auf die zehnte und abschließende Etappe des Ahrsteigs.

EINKEHR UND ÜBERNACHTUNG

TOURISMUSINFORMATIONEN

**Ahrtal-Tourismus
Bad Neuenahr-Ahrweiler e. V.**
Hauptstraße 80
53474 Bad Neuenahr
Tel. 0 26 41/91 71-0
info@ahrtaltourismus.de
www.@ahrtaltourismus.de

EINKEHR-/ÜBERNACHTUNGSMÖGLICH-KEITEN (E/Ü)

Bachemer Dorfschänke (E)
Königstraße 13
53474 Bad Neuenahr-Bachem
Tel. 0 26 41/91 21 65
Mo Ruhetag

Café-Bistro Zehnthof-Ehlingen (E)
(unmittelbar am Ahrsteig)
Bodendorfer Straße 2
53474 Bad Neuenahr-Ehlingen
Tel. 0 26 41/91 62 55
Info@zehnthof-ehlingen.de

Das Winzerhäuschen a. d. Ehlinger Berg (E)
(unmittelbar am Ahrsteig)
53474 Bad Neuenahr-Heimersheim
Tel. 0 26 41/2 69 40
www.weingut-linden-heimersheim.de
in den Sommermonaten Mi/So ab
14 Uhr, Sa ab 10 Uhr geöffnet

Restaurant Brogsitter im Gasthaus Sanct Peter (E)
Walporzheimer Straße 134
53474 Bad Neuenahr-Walporzheim
Tel. 0 26 41/9 77 50
sanct-peter@brogsitter.net
www.sanct-peter.de
Do Ruhetag

Weingut Maibachfarm (E)
Im Maibachtal 100
53474 Bad Neuenahr-Ahrweiler
Tel. 0 26 41/3 66 79
info@weingut-maibachfarm.de
www.weingut-maibachfarm.de
Juni/Juli/September/Oktober Sa/So/
Feiertage 11–19 Uhr geöffnet

Weinmanufaktur Walporzheim eG (E)
Walporzheimer Straße 173
53474 Bad Neuenahr-Walporzheim
Tel. 0 26 41/3 47 63
wein@wgwalporzheim.de
www.wgwalporzheim.de

Hotel „Weinhaus Nelles" (E/Ü)
Göppinger Straße 13
53474 Bad Neuenahr-Heimersheim
Tel. 0 26 41/68 68
info@restaurant-freudenreich.de
www.restaurant-freudenreich.de
Mo/Di Ruhetage

EINKEHR UND ÜBERNACHTUNG

Hotel „Zum Sänger an der Ahr" (E/Ü)
Marienthaler Straße 50
53474 Bad Neuenahr-Walporzheim
Tel. 0 26 41/3 60 66
info@hotel-zum-saenger.de
www.hotel-zum-saenger.de

Landgasthof Eifelstube (E/Ü)
Ahrhutstraße 26
53474 Bad Neuenahr-Ahrweiler
Tel. 0 26 41/3 48 50
info@eifelstube-ahrweiler.de
www.eifelstube-ahrweiler.de
Di Ruhetag

Weingut Franz Schäfer (E/Ü)
Bodendorfer Straße 11
53474 Bad Neuenahr-Ehlingen
Tel. 0 26 41/9 46 60
weingut-schaefer@web.de
www.weingut-schaefer.de
Mo/Di Ruhetage, ab Oktober bis kurz vor
Weihnachten nur Fr–So geöffnet

Hotel „Zum Ännchen" garni (Ü)
Niederhutstraße 11
53474 Bad Neuenahr-Ahrweiler
Tel. 0 26 41/9 77 70
info@aennchen-ahrweiler.de
www.aennchen-ahrweiler.de

CAMPING-/WOHNMOBILSTELLPLÄTZE (C/W)

Campingplatz am Ahrtor (C/W)
Kalvarienbergstraße 1
53474 Bad Neuenahr-Ahrweiler
Tel. 0 26 41/2 65 39

Wohnmobilstellplatz (W)
Am Ahrweiler Schwimmbad 1
53474 Bad Neuenahr-Ahrweiler
Tel. 0 26 41/3 78 09 84

Wohnmobilstellplatz (W)
Am Jugendgästehaus
Piusstraße
53474 Bad Neuenahr-Bachem

Wohnmobilstellplatz (W)
Am Apollinaris-Stadion
Kreuzstraße
53474 Bad Neuenahr
(mit Entsorgungsstation)

FLEXIBLE MOBILITÄT

Are-Taxi
Hauptstraße 69 – 71
53474 Bad Neuenahr
Tel. 0 26 41/23 33

Taxi Becker
Ringener Straße 44
53474 Bad Neuenahr
Tel. 0 26 41/91 21 91

Taxi Nuri
Hauptstraße 60
53474 Bad Neuenahr
Tel. 0 26 41/44 66

In der Niederhutstraße von Ahrweiler

ETAPPE 7

Von Heimersheim über den Mühlenberg nach Sinzig

AUF EINEN BLICK

Distanz: 10,14 km
Zeit: 3:10 Stunden

Wegbeschaffenheit:
Weinwirtschaftswege, befestigte, aber naturbelassene Feldwege, Waldwege, kurze asphaltierte Abschnitte auf den letzten Metern der Etappe.

Schwierigkeitsgrad: leicht
Im letzten Drittel nur Abstieg. Familienfreundlicher Wanderweg.

Koordinaten Heimersheim
BG: 50,54016632
LG: 7,17489839
H: 88

Koordinaten Sinzig
BG: 50,54606061
LG: 7,24981785
H: 59

Anfahrt mit ÖPNV:
Nach Heimersheim: Von Köln/Bonn/Koblenz mit der DB bis Remagen, dann mit RB 30 (Ahrtalbahn) bis Heimersheim (www.bahn.de) oder Buslinie 841 (VRM-Hotline 0 180 5/98 69 86 [14 Cent/Minute aus dem deutschen Festnetz], www.vrminfo.de).
Nach Sinzig: Von Köln/Bonn/Koblenz mit DB bis Bahnhof Sinzig (www.bahn.de).

Anfahrt mit dem PKW:
Nach Heimersheim: Von Köln/Bonn über die A 555/A 565 bis Meckenheimer Kreuz, dann über die A 61 bis Bad Neuenahr, von dort über die B 266 nach Heimersheim.
Von Koblenz über die A 61 bis Bad Neuenahr und weiter wie oben.
Von Remagen (B 9) in das Ahrtal abbiegen und weiter wie oben.
Nach Sinzig: Von Köln/Bonn/Koblenz über die A 61 bis Bad Neuenahr, von dort über die B 266 bis Sinzig oder Anfahrt aus beiden Richtungen über die B 9, Stadtmitte.

Parkmöglichkeiten:
In Heimersheim, Rüstringer Straße am Feuerwehrgerätehaus; am Stadttor; Gewerbegebiet Wiesenweg
In Bad Bodendorf, Parkplatz am Thermal-Freibad, Bäderstraße, 24 Stunden 5,- €
In Sinzig, am Bahnhof; am Schloss, Jahnstraße

Schloss Sinzig

Heimatmuseum: Do 10–12 Uhr, Sa/So 14–17 Uhr geöffnet
Tel. 0 26 42/4 00 10
Das Schloss in Sinzig wurde als Wasserburg der Herzöge von Jülich-Kleve-Berg im Jahr 1337 gegründet. Nachdem es 1689 zerstört wurde, erfolgte zur Zeit der Rheinromantik der Wiederaufbau. Der Kölner Kaufmann Gustav Bunge ließ es dann 1854–58 im neugotischen Stil als Sommervilla herrichten. Heute beherbergt das Schloss ein kleines Heimatmuseum unter anderem mit Werken von Künstlern der Düsseldorfer Akademie.

St.-Peter-Kirche

Weithin sichtbar ist die hoch liegende spätromanische St.-Peter-Kirche am Sinziger Markt, die um 1220 erbaut wurde.
Neben einem fein gegliederten Chor und Fresken aus der Mitte des 13. Jahrhunderts bewahrt die Kirche in der Taufkapelle die gut erhaltene Mumie auf, auch der „tote Leichnam" genannt. Bei dem fast 300 Jahre mumifizierten Körper vermutet man, dass es sich um Wilhelm von Holbach handelt, der einst fürstlich-jülicher Vogt in Sinzig war.

Spätromanische St.-Peter-Kirche in Sinzig

Der Ausklang einer schönen Wanderung

Im Bad Neuenahrer Ortsteil Heimersheim starten wir die zehnte und letzte Etappe unserer Wanderung auf dem Ahrsteig. Von Steigungen und Gefällestrecken her ist dieser Abschnitt nicht besonders schwer und stellt einen bequemen und erholsamen Abschluss der Wanderung dar. Wiesen, Wälder und die zunehmende Weite des Tals zum Mündungsbereich der Ahr werden auch hier ihre besonderen Eindrücke hinterlassen.

Über die Bachstraße verlassen wir den Ort und gehen in südlicher Richtung etwas bergan. Die Wohnbebauung lassen wir hinter uns und schon erheben sich vor uns die aufragenden Masten einer Stromfernleitung. Wenden wir unseren Blick zurück in nördliche Richtung, thront jenseits des Ortes und der Ahr die Landskrone, mit ihrem weithin sichtbaren Gipfelkreuz. Weiter im Hintergrund liegt wie ein riesiger Golfball auf dem Berg das Observatorium des Fraunhofer-Instituts in Wachtberg Berkum, das auch schon bei vorangegangenen Etappen wegen seiner exponierten Lage immer wieder ins Blickfeld gerückt war.

Unter den mächtigen Hochspannungsleitungen biegen wir nach links ab in Richtung Osten. Nun befinden wir uns auf einem ebenerdigen Landwirtschaftsweg, den wir allerdings nach ca. 200 Metern wieder verlassen, um nach rechts einzubiegen. Der Verlauf ist jetzt sanft ansteigend, über uns erstrecken sich die stromführenden Überlandleitungen. Von rechts ist der Verkehrslärm der viel befahrenen A 61 nicht zu überhören. Nach weiteren 200 Metern ändern wir erneut unsere Richtung nach links und halten uns jetzt auf einem breiten Wirtschaftsweg mit kaum nennenswerten Höhenveränderungen ostwärts.

Links von uns liegt der Bad Neuenahrer Ortsteil Heimersheim. Der sich farblich deutlich absetzende Turm der St. Mauritiuskirche überragt die Dächer des Ortes.

Unser Weg wird auf der rechten Seite überwiegend von Getreidefeldern, links von Streuobstwiesen, Schaf- und Pferdeweiden gesäumt. Weitläufig und übersichtlich präsentiert sich das Gelände, das zur rechten Seite etwas ansteigt und am Ende der Anhöhe durch Wälder begrenzt wird. In der Ferne vor uns erkennen wir die Höhen und Wälder des Sinziger Mühlenberges, dem wir uns mit jedem Schritt ein wenig nähern.

Es dauert nicht lange, bis links unseres Weges im Hintergrund in einem Taleinschnitt der Ortsteil Lohrsdorf sichtbar wird, wenig weiter in Wanderrichtung taucht schon der kleine Bad Neuenahrer Ortsteil Ehlingen auf, den wir anstreben, um auf der anderen Seite der A 571 die Ehlinger Lei zu erreichen.

Unterhalb des vulkanischen Gipfels der Landskrone bei Heimersheims, die von unserem jetzigen Standort besonders mächtig erscheint, erstrecken sich die weitläufigen Weinanbauflächen des unteren Ahrtals.

Immer wieder wird unsere Strecke von anderen aus dem Tal heraufführenden Wegen gekreuzt. An einer dieser Kreuzungen spenden fünf Obstbäume einer Ruhebank, die für eine kleine Pause geeignet ist, ihren Schatten.

Nach ca. 2,5 Kilometern kommen wir zu einem steinernen Wegekreuz aus dem Jahr 1782 rechts neben einer Ruhebank. Auch hier schützen im Sommer wieder zwei Bäume vor zu starker Sonne. Die Gelegenheit einer kurzen Rast an dieser Stelle, an der drei Wege sternförmig zusammenlaufen, sollte wahrgenommen werden. Nicht nur, um sich ein wenig auszuruhen, sondern um noch einmal in die Richtung zu blicken, aus der wir gekommen sind. Dort eröffnet sich eine weite Aussicht hinauf in das Ahrtal mit den letzten Ortsteilen

Kirche St. Mauritius in Heimersheim

Das untere Ahrtal – Blick von Ehlingen zur Landskrone

von Bad Neuenahr, unterbrochen durch die Pfeiler und den Verlauf der Talbrücke der A 61. Der anfängliche Lärm dieser Nord-Süd-Verbindung ist zwar wegen der zurückgelegten Strecke verstummt, allerdings dafür von dem Verkehr auf der A 571, in deren unmittelbarer Nähe wir uns jetzt befinden, abgelöst worden. Die eben erwähnten Weinanbaugebiete der Landskrone werden nun nach Osten hin von bewaldeten Flächen abgelöst.

Blicken wir von unserer Ruhebank geradeaus, liegen die ersten Häuser von Ehlingen bereits ganz nahe. Ein sanft abwärts verlaufender Wirt-

schaftsweg, rechts von Sträuchern und links von bewirtschafteten Feldern eingegrenzt, wird uns in diesen Ort bringen. Vor uns auf einer Anhöhe wird die Ehlinger Lei sichtbar, auf der sich der Mast eines Umsetzers befindet. Es vergehen keine zehn Minuten, bis wir nach einigen Richtungsänderungen des Weges die Wohnbebauung von Ehlingen erreichen. Dann laufen wir direkt auf einen Zebrastreifen zu, über den wir gefahrlos die Landesstraße 44 überqueren können. Ein gepflegtes Fachwerkhaus mit rotbraunen Balken und weißen Gefachen auf der gegenüberliegenden Ecke der schmalen Bodendorfer Straße stellt sich sehr schnell als der ehemalige Zehnthof des Ortes heraus. Er wird gastronomisch genutzt. Nach ca. 100 Metern müssen wir nach rechts in die schmale Hubertusstraße abbiegen. Nach wenigen Schritten liegt vor uns auf der linken Seite die kleine Kirche des Ortes, direkt gegenüber steht das alte Backhaus. An der Kirche biegen wir nach links ein, um nach einigen Metern wieder nach rechts die Richtung zu ändern. Nur wenige Schritte trennen uns jetzt noch von der vor uns in Sichtweite liegenden Unterführung, die uns auf die andere Seite der A 571 bringt. Die gepflegten Häuser von Ehlingen treten in den Hintergrund. Direkt am Ausgang der Unterführung weicht der hier geteerte Fahrweg rechtwinklig nach links ab, wobei an gleicher Stelle ein naturbelassener, sanft ansteigender Wirtschaftsweg abzweigt, der beidseitig von Sträuchern und Büschen begrenzt wird. In Sichtweite vor uns beginnen bereits die Weinkulturen. An der Stelle, an der der Weg eine Spitzkehre nach rechts beschreibt, behalten wir unsere Richtung bei und gehen nun auf Grasuntergrund in leichter Steigung geradeaus. Nach links eröffnet sich jetzt ein weiter,

Der stattliche Zehnthof in Ehlingen direkt am Ahrsteig

fantastischer Blick über die östlichen Ortsteile von Bad Neuenahr im Vordergrund. Der markante Turm auf dem Gipfel des Krausberges, der aus allen Richtungen und meistens schon aus großer Entfernung sichtbar ist, ragt wie ein mahnender Finger über den bekannten Weinort Dernau hinaus.

Der als angenehm empfundene und von der Steigung her wenig ermüdende Wanderweg wird von Weinanbauflächen rechts sowie Büschen und Sträuchern links eingegrenzt. In Folge gewinnt der Verlauf des Weges etwas an Steigung, der Untergrund wird steiniger. Wird eine Verschnaufpause erforderlich, entschädigt uns immer wieder der Blick nach links hinunter in das Ahrtal.

Das Zwischenziel, die Ehlinger Lei, ist bereits seit längerer Zeit vor unseren Augen sichtbar. Ein in den Himmel ragender Umsetzer einer funk- und fernsehtechnischen Anlage, die sich hier die Höhe von 135 Meter über NN zunutze gemacht hat, weist uns den Weg. Wir stoßen schließlich vor uns auf eine Trockenmauer, die einen direkten Zugang zur Ehlinger Lei zunächst verhindert. Wir weichen ca. 200 Meter nach rechts aus, biegen dann nach links ab und gelangen auf das Hochplateau der Ehlinger Lei. Auf der linken Seite empfängt uns ein Kräutergarten mit einer Vielfalt verschiedenster Pflanzen und Kräuter der Region, die zusätzlich durch entsprechende Hinweistafeln dargestellt, namentlich benannt und erklärt werden.

Ahraufwärts, also in Richtung Westen, fällt das Plateau, auf dem wir uns jetzt befinden, ab und ist durch ein Geländer gesichert. Mehrere Ruhebänke laden zum Verweilen ein, wobei die beim Aufstieg bereits mehrmals wahrgenommene Landschaft nun noch einmal von höchster Warte betrachtet werden kann. Landskrone, Neuenahrer Berg und Krausberg bilden jetzt nacheinander gestaffelt ein Gesamtbild im unteren Ahrtal.

Wir lassen die Landschaft vor uns noch etwas auf uns wirken. Mit einem Blick auf den im Sommer bunten Kräutergarten und einem tiefen Einatmen der unterschiedlichsten Düfte verabschieden wir uns von der Ehlinger Lei und setzen unseren Weg gemäß der Ausschilderung in Richtung Süden fort. Der Weinwirtschaftsweg verläuft bequem und ebenerdig. Rechts erstrecken sich in gleichmäßigen Reihen die Weinkulturen zum Tal abfallend, während links der

Blick auf Ehlingen von der gleichnamigen Lei

Weg von Laubwald begrenzt wird. Als der Weg nach kurzer Strecke abschüssiger wird, werden die Weinflächen hin und wieder durch mit Büschen, Sträuchern und Bäumen bewachsene Bereiche unterbrochen. Diese dienen dazu, der heimischen Vogel-, Insekten- und Kleintierwelt ihren Lebensraum zu erhalten, da sie ansonsten durch die großen kultivierten Flächen verbannt würden. Auch die jetzt auf der linken Seite vor uns liegenden Streuobstwiesen erfüllen eine ähnliche Funktion für die Insekten.

In einem ebenerdigen Verlauf erreichen wir nach wenigen hundert Metern eine große Kreuzung von Wirtschaftswegen. Hier biegen wir nach links ab und gelangen nach ca. 150 Metern eines etwas ansteigenden Weges an das unter Bäumen und Sträuchern verborgene, romantisch gelegene Ausflugslokal „Winzerhäuschen", das zur Rast einlädt.

Die Fortsetzung des Ahrsteigs in südlicher Richtung führt durch ein längeres Waldstück im Bereich des westlichen Sinziger Mühlenberges. Die Laubbäume spenden im Sommer angenehmen Schatten, der Weg ist breit, fast ebenerdig und von seiner Bodenbeschaffenheit schon als erholsam zu beschreiben.

Als sich dann der Wald wieder öffnet, liegt vor uns ein kleiner Wanderparkplatz mit der Balthasar-Schmickler-Hütte. Diese lassen wir hinter uns und biegen nach wenigen Metern nach links, also in westliche Richtung, in einen Feldweg ein. Während sich rechts in einer Talmulde unterhalb von Wiesen und Weiden der Sinziger Ortsteil Löhndorf erstreckt, wird unser Weg auf der linken Seite von Mischwald begrenzt. Immer wieder richtet sich der Blick nach rechts auf die beruhigend anmutende, hügelige Wiesenlandschaft mit Schaf- und Pferdeweiden und Streuobstwiesen, während im Hintergrund vor uns die Sicht bis zu den Anhöhen der Osteifel reicht. Gleichzeitig entsteht ein eindrucksvoller Kontrast zu den vor uns in östlicher Richtung im Hintergrund erscheinenden Höhen des Westerwaldes.

Die Landskrone von Ehlingen aus gesehen

Duftender Naturkräutergarten auf der Ehlinger Lei

An der Stelle, an der nach einiger Zeit erneut Überlandleitungen unseren Weg queren, erscheint unten rechts in der Talsenke der Sinziger Ortsteil Westum, etwas oberhalb Koisdorf. Die Tatsache, dass nach wenigen Schritten vor uns die Türme der Sinziger Peterskirche in der Ferne sichtbar werden, bedeutet allerdings nicht, dass wir unser Etappenziel und das Ende des Ahrsteigs schon bald erreicht haben. Als wenig später vor uns in einiger Entfernung über die Baumwipfel herausragend der Feltenturm zu erkennen ist, liegt erst einmal die nächste Gaststätte, das „Aennchen", direkt vor uns. Nicht häufig konnten wir bei den vorangegangenen Etappen auf dem Ahrsteig unmittelbar an unserem Weg bewirtschaftete Rast- und Einkehrmöglichkeiten vorfinden. Heute ist es schon die zweite, eine weitere erwartet uns noch.

Unser Weg trifft an dieser Stelle auf einen geteerten Fahrweg, der bergab verlaufend nach Sinzig führt. Die deutlich gekennzeichnete Strecke des Ahrsteigs allerdings weist uns hier nach links, und wir gelangen nach einer kurzen Steigung zu einem kleinen Parkplatz mit einer Schutzhütte rechts und einem massiven Grillunterstand auf der linken Seite. Von hier eröffnet sich wieder ein unvergesslicher Blick über das bereits zuvor bewunderte Hügel- und Wiesenland. Weit im Hintergrund beeindruckt auf dem markanten Phonolitkegel im oberen Brohltal die 2001 restaurierte und heute als Museum dienende Burg Olbrück als Wahrzeichen dieser Region.

Das Pfauenauge – ein willkommener Gast auf allen Blüten

Wenden wir uns um, folgen wir wieder der Wegweisung „Ahrsteig" und „Feltenturm". Wichtig ist es an dieser Stelle, auf die genaue Ausschilderung zu
achten, weil dieser Platz sternförmig über mehrere Wege verlassen werden
kann. Nach Durchqueren eines kleinen Fichtenwäldchens führt der Weg rechts
weiter. Dort passieren wir einen Waldtrimmpfad. Hinweisschilder erinnern uns,
dass wir uns noch immer im Bereich des Sinziger Mühlenberges aufhalten.
Ungeachtet der zahlreichen Wege, die im weiteren Verlauf unserer Wanderung
durch Mischwald nach rechts oder links abzweigen, setzen wir unsere Richtung geradeaus fort und bemerken bald, dass die Schritte leichter werden,
weil uns jetzt ein sanftes Gefälle begleitet. Als erneut Überlandleitungen kreuzen, wird der bisherige Untergrund des Waldweges durch Teerbelag abgelöst.
An beiden Seiten erheben sich jetzt mit Sträuchern bewachsene kleine Bö-
schungen. Wenig später an einer Abzweigung, an der auf den Feltenturm hingewiesen wird, sollten wir den kleinen Umweg von nur 220 Metern auf keinen

Fall scheuen. Zum einen lädt an gleicher Stelle die „Cäcilia-Hütte" zu einer weiteren Rast ein, zum anderen bringt uns eine massive Wendeltreppe im Feltenturm auf 159 Meter über NN und ermöglicht einen überwältigenden Blick über die Stadt Sinzig bis zum Verlauf des Rheins hin. Auf der anderen Seite Europas wichtigster Binnenwasserstraße liegt die bunte Stadt Linz mit ihren Höhenorten an den Hängen des Westerwaldes. Und auch Westum, Löhndorf und die Burg Olbrück grüßen nochmals und verabschieden sich aus entgegengesetzter Richtung. Nordöstlich reicht die Sicht bis zur Goldenen Meile bei Remagen und zum mächtigen Basaltmassiv der Erpeler Ley.

Wieder zurück auf dem Hauptweg, folgen wir dem Verlauf der weiteren Ausschilderungen stetig abwärts. Die Wohnbebauung rückt näher und nach einer Rechtskurve wird im Hintergrund, noch größtenteils von Häusern verdeckt, unser Etappenziel, das Schloss Sinzig, sichtbar. Wenige Schritte weiter erscheint dann nochmals auf der rechten Seite die spätromanische Peterskirche, die uns vom Baustil und ihrer Farbgebung an die Mauritiuskirche in Heimersheim, dem Ausgangspunkt dieser Etappe, erinnert.

An einem Kreisverkehr biegen wir auf die Barbarossastraße ab und haben nach 200 Metern das Ziel der letzten Etappe des Ahrsteigs erreicht.

Folgen wir der weiteren Beschilderung, wird diese uns nach Kripp leiten, von wo man mit der Fähre über den Rhein nach Linz gelangen kann. Hier warten Rheinsteig und Westerwaldsteig, um entdeckt zu werden. Beim Übersetzen blicken wir noch einmal zurück zu der Stelle, an der sich die Ahr in einem Naturschutzgebiet mit dem großen Bruder Rhein vereint.

Müder Zaungast am Weg

EINKEHR UND ÜBERNACHTUNG

TOURISMUSINFORMATIONEN

**Ahrtal-Tourismus
Bad Neuenahr-Ahrweiler e. V.**
Hauptstraße 80
53474 Bad Neuenahr
Tel. 0 26 41/91 71-0
info@ahrtaltourismus.de
www.@ahrtaltourismus.de

Tourist-Information Sinzig
Am Kurgarten
53489 Sinzig
Tel. 0 26 42/98 05 00
tourist-info@sinzig.de
www.sinzig-info.de

EINKEHR-/ÜBERNACHTUNGSMÖGLICH-KEITEN (E/Ü

Gästehaus Bauer (Ü)
Hauptstraße 52
53489 Sinzig-Bad Bodendorf
Tel. 0 26 42/4 21 87
info@gaestehaus-bauer.de
www.gaestehaus-bauer-koschek.de

**Hotel-Restaurant-Café
„Haus am Weiher" (E/Ü)**
Bäderstraße 46
53489 Sinzig-Bad Bodendorf
Tel. 0 26 42/99 06 60
info@haus-am-weiher.com
www.haus-am-weiher.com
Anfang November bis Ende März
Mo Ruhetag

Hotel Rhein-Ahr (E/Ü)
Quellenstraße 67 – 69
53424 Remagen-Kripp
Tel. 0 26 42/4 41 12
kontakt@hotel-rhein-ahr.de
www.hotel-rhein-ahr.de
Mo Ruhetag

Cäcilia Hütte (E)
Auf dem Mühlenberg
53489 Sinzig
Tel. 0177/8 91 41 71
www.feltenturm.de
Sa/So/Feiertage geöffnet

EINKEHR UND MEHR ...

Panorama-Café „Zum Ännchen" (E)
Waldweg 100
53489 Sinzig
Tel. 0 26 42/4 24 10 oder 0171/4 89 15 92
www.zum-aennchen.de
von April bis Oktober Mo–Do ab 14 Uhr,
So ab 11 Uhr geöffnet, Fr Ruhetag

CAMPING-/WOHNMOBILSTELLPLÄTZE (C/W)

Parkplatz am Thermal-Freibad (W)
Bäderstraße
53489 Sinzig-Bad Bodendorf
24 Stunden 5,- €, vom ADAC empfohlen

Parkplatz am Sportplatz (W)
Bäderstraße, 53489 Sinzig

Parkplatz am Schloss (W)
Jahnstraße, 53489 Sinzig-Bad Bodendorf

Campingplatz „Goldene Meile" (C/W)
Am Allwetterbad
Simrock-Straße 9 – 13
53424 Remagen
Tel. 0 26 42/2 22 22 oder -15 55
info@camping.goldene-meiule.de
www.camping-goldene-meile.de

FLEXIBLE MOBILITÄT

City-Taxi
Mühlenbach 33
53489 Sinzig
Zentrale Bad Breisig, Tel. 0 26 33/91 10

ANBINDUNG AN DIE RECHTE RHEINSEITE

Rheinfähre Linz-Kripp GmbH
Petrus-Sinzig-Straße 3
53545 Linz am Rhein
Tel. 0 26 44/96 15 50
www.rheinfaehre-linz-remagen.de

Ausgedient – mit neuen Schuhen auf den Ahrsteig (o.), Wildkräuter auf der Ehlinger Lei (u.)

DER AUTOR

Hans-Peter Pracht

1949 in Oldenburg geboren und in Köln aufgewachsen, lebt und arbeitet er heute als Eifelautor und Eifelmaler in der Ahr-Eifel. Schon früh beschäftigte er sich mit der Eifelregion und ihren Bewohnern, ihrem Brauchtum, den Burgen und Schlössern. Hexenverfolgung und Auswanderungswellen gehören ebenso zu seinen Themen, wie die Sagen und Legenden der Eifel.

Hans-Peter Pracht ist im Lexikon der Eifelliteratur verzeichnet.

Bei Sinzig mündet die Ahr in den Rhein.

KLOSTER MARIENTHAL

GutsAusschank · KulturU · Events

In den alten Gemäuern des 1137 erbauten Augustinerinnenklosters erwartet Sie eine traumhafte Kulisse. Das einmalige Ambiente des Klostergartens sowie der Klosterruine lädt ein zum ruhigen Verweilen, eignet sich aber ebenso für Veranstaltungen, beginnend bei unseren Konzerten bis hin zu Ihrer ganz privaten Familienfeier im kleinen oder großen Kreis. Wir laden Sie ein zu einer rustikalen Mahlzeit am Mittag, zu Kaffee und Kuchen am Nachmittag oder zur abendlichen Vesper mit unseren klostereigenen Weinen nach einer ereignisreichen Wanderung über den Rotweinwanderweg, von dem übrigens eine Treppe direkt in unseren Garten führt.

Weingut Kloster Marienthal
Franz-Josef Appel
Klosterstraße 3-5 · 53507 Marienthal
Tel.: 02641-980 60 · Fax: 02641-980 620
mail@weingut-kloster-marienthal.de
www.weingut-kloster-marienthal.de

· Räumlichkeiten für bis zu 150 Personen
· Konzerte im Sommer, von Klassik bis Pop
· Weinproben
  u. a. im historischen Gewölbekeller
· hervorragende klostereigene Weine
· außerdem Weine vier weiterer Weingüter
  (u. a. Weingut Meyer-Näkel)
  zu Kellerpreisen im Angebot
· täglich geöffnet (auch an Sonn- und Feiertagen)

Ein Schönbär rastet auf der Blütendolde des Gewöhnlichen Wasserdost.